LE
MARÉCHAL EXELMANS

BAR-LE-DUC. — IMP. COMTE-JACQUET, FACDOUEL, DIR.

MARÉCHAL COMTE EXELMANS

LE

MARÉCHAL EXELMANS

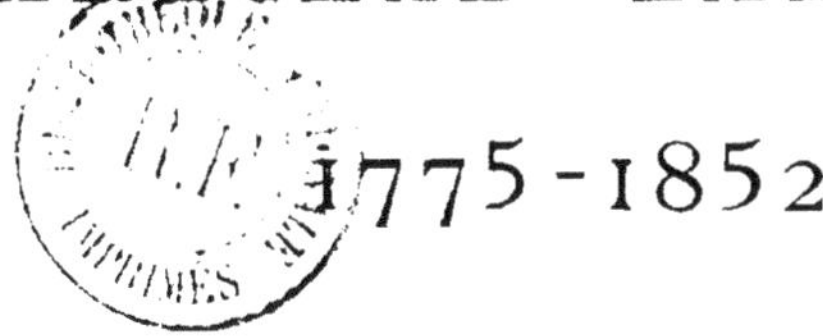

1775-1852

PAR

Eugène ANDRÉ

Secrétaire du Comité d'érection de la Statue du Maréchal Exelmans
Secrétaire de l'Association des Anciens Militaires
Rédacteur à la Préfecture de la Meuse.

BAR-LE-DUC

IMPRIMERIE COMTE-JACQUET. — FACDOUEL, DIR.

1898

A Madame Berthe POCHET de TINAN

HOMMAGE RESPECTUEUX.

PRÉFACE

Nous avons essayé d'écrire l'histoire du Maréchal Exelmans avec la plus grande impartialité. Nous avons voulu au moment même, où le souvenir du Maréchal allait être perpétué par le bronze dans sa ville natale, composer une biographie du héros de Rocquencourt, et rappeler à nos compatriotes la vie d'un des plus grands Français de cette époque.

Les sources où nous avons puisé, sont les notes mêmes laissées par le Maréchal, quelques publications spéciales[1], quelques textes inédits, des

1. *Les Grands Cavaliers du premier Empire*, par le général Thoumas.

lettres et principalement des renseignements particuliers qui nous ont été donnés par la famille du Maréchal.

Madame Berthe Pochet de Tinan, M. le lieutenant-colonel de Sillègue, M. le commandant Exelmans, M. le baron de Ravignan, ont bien voulu nous communiquer quelques documents. Nous les prions d'agréer l'hommage de notre reconnaissance.

Quel que soit le destin de ce livre, nous avons trouvé la récompense de notre travail, en étudiant de près cette belle vie, tout entière remplie par le devoir et inspirée par le sentiment de l'honneur et l'amour de la France.

En leur rappelant ce noble exemple, nous voudrions offrir à l'admiration des jeunes Français une vie toute de devoir, de bravoure et de patriotisme; nous voudrions les enlever aux sommets où fleurissent, dans la lumière du vrai, du beau et du bien, les grands sentiments et les grandes pensées, car :

Ceux qui vivent, ce sont ceux qui luttent, ce sont
Ceux dont un dessein ferme emplit l'âme et le front,
Ceux qui d'un haut destin gravissent l'âpre cime,
Ceux qui marchent pensifs, épris d'un but sublime.

(Victor Hugo).

E. A.

LE MARÉCHAL EXELMANS

I

Exelmans. — Sa naissance. — Ses premières études. — Son enrôlement volontaire.

EXELMANS (Remy-Joseph-Isidore) naquit à Bar-le-Duc, rue Bar-la-Ville, n° 39, [1], le 13 novembre 1775, ainsi que le constate son acte de naissance, extrait du registre (déposé à l'Hôtel-de-Ville) des actes de l'état civil de la paroisse Notre-Dame. Nous le donnons textuellement :

1. Et non pas 37, ancienne cure de la paroisse Notre-Dame, suivant une indication qu'il y a lieu de croire erronée, de l'*Historique de la Ville de Bar-le-Duc*.

Cette maison a été acquise, par adjudication du dimanche 23 octobre 1836, par le sieur Nicolas Guillaume, serrurier, du sieur Jacques Perrot, charpentier, et de la dame Marie-Barbe-Henriette Varin-Cellier, son épouse, lesquels en étaient devenus propriétaires « au moyen de l'acquisition « qu'ils en ont faite de dame Marie-Anne Adam, veuve de « M. Claude-Hyacinthe Bouillard, demeurant à Bar, ayant « stipulé en qualité de mandataire de 1° Françoise Bel- « homme, veuve de M. Guillaume-Isidor *Excelmans*, en « son vivant demeurant à Bar-le-Duc, elle y demeurant;

« Du 13 novembre 1775.

« Remy-Joseph-Izidor, fils légitime du sieur « Guillaume-Izidor Exelmans, négociant en « cette ville, et de De Françoise Belhomme, « son épouse, est né et baptisé le treize « novembre mil sept cent soixante et quinze. « Il a eu pour parrein le Sr Remi-Joseph « Malaise, négociant à Liège, et pour marreine « Dlle Françoise Exelmans, sa tante, lesquels « ont signé :

« Exelmans Lainé. Malaise.
« de Vassimon,
Chanoine de Saint-Pierre ».

« 2o et de M. Remy Joseph *Isidore* comte *Excelmans*, alors « lieutenant-général français, suivant contrat reçu par « Me Pierre, notaire à Bar, le trente-un mars mil huit « cent dix-huit, enregistré; cette maison appartenait pour « moitié à la dite dame veuve Excelmans comme l'ayant « acquise avec ledit feu son mari, pendant leur commu- « nauté, des sieurs Blanpain, marchand, François-Louis- « Christophe-Marguerite Blanpain, marchand à Versailles, « Jean-Baptiste Blanpain, marchand au dit Bar, et Claude « *Blanpin*, marchand à Varennes, suivant acte reçu par « Me Gaillet, alors notaire à Bar, le quatre août mil sept « cent soixante-quatorze, controllé ; et pour l'autre moitié « à M. le comte *Excelmans*, en qualité de seul et unique « héritier du dit feu sieur Guillaume-Isidore *Excelmans*, « son père. » — (Copié sur le titre original.)

Ses parents, négociants aisés et propriétaires de vignes, habitaient une petite maison élégante et coquette qui, aujourd'hui encore, se dresse à l'ombre de la tour de l'église Notre-Dame.

De très bonne heure, Remy Exelmans fut placé au collège Gille-de-Trèves que dirigeaient les Pères Jésuites. Il y suivit les cours en qualité d'externe et s'y fit remarquer par son intelligence et par ce caractère plein de franchise et de gaieté qu'il conserva toute sa vie, et qui, durant sa jeunesse, lui méritaient déjà l'estime de ses maîtres et l'affection de ses camarades.

Exelmans atteignit sa quatorzième année quelques mois après la prise de la Bastille (1789). L'effervescence des esprits qui se manifestait alors à Paris, gagna vite la province. Les relations entre Paris et Bar-le-Duc étaient d'ailleurs fréquentes pour l'époque : la diligence faisait deux fois par mois le service de la ville, semant sur sa route les nouvelles qui communiquaient à tous les cœurs l'ivresse des premiers jours de la liberté.

Au collège Gille-de-Trèves, les élèves s'intéressaient vivement aux événements de Paris. Les enfants de la ville apportaient les nouvelles à leurs camarades pensionnaires, et malgré la surveillance des maîtres, on pouvait souvent entendre les cris de « Vive la liberté » s'échapper de leurs jeunes poitrines.

En 1791, lorsque la France menacée par les puissances étrangères fit appel au patriotisme de tous ses enfants, Exelmans manifesta à sa famille et à ses amis son ardent désir de combattre comme volontaire pour l'indépendance de son pays.

Pendant de longs jours, les parents du jeune collégien s'efforcèrent de le détourner de son projet. Ils tentèrent de lui démontrer qu'il était encore trop jeune pour prendre une si grave détermination, trop peu robuste pour supporter les dures fatigues d'une campagne qui allait s'ouvrir aux premiers jours de l'hiver.

Mais ni les supplications d'un père, ni les larmes d'une mère n'eurent raison du patriotisme du jeune Exelmans et il signa son engagement le 6 septembre 1791.

II

1792. — Arlon, Consaarbruck, Kaiserslautern, Naples. — Exelmans aide de camp de Broussier. — Andria. — Trani. — La Trebbia.

Exelmans s'enrôla dans le 3e bataillon de la Meuse. Ce bataillon s'était formé rapidement et ne comptait dans ses rangs que d'ardents patriotes décidés à faire à leur patrie le sacrifice de leur jeunesse et de leur vie.

On peut dire que nos populations de l'Est ont toujours eu au cœur les plus vifs sentiments d'honneur et de patriotisme. Dans toutes les régions de la France, un généreux élan avait répondu à l'appel de l'Assemblée Constituante; les listes s'étaient rapidement couvertes de signatures. On doit, à la vérité, reconnaître qu'un peu partout, à Paris notamment, l'enthousiasme avait été de courte durée : bon nombre de volontaires avaient fait faillite à leur signature, et les plus honnêtes avaient souvent été ceux qui s'étaient fait remplacer moyennant finance. Mais dans nos régions de l'Est, on ne voulait pas connaître ces compromissions avec la parole donnée. Tous les volontaires inscrits, sauf les malades, étaient partis, et ceux-là même qui auraient eu leur jeunesse pour excuse de leur défection, avaient suivi leurs aînés le jour du grand départ.

Le 3e bataillon de la Meuse, sous le commandement du lieutenant-colonel Oudinot, un Barisien lui aussi, fit la campagne avec les armées de Moselle et de Sambre-et-Meuse.

L'avancement d'Exelmans fut lent : sergent-major dans la Compagnie d'artillerie de son bataillon dès le début de la campagne au 11 janvier 1792, il assista à l'affaire d'Arlon, au combat de Consaarbrück, à l'attaque du Camp retranché de Kaiserslautern, et n'obtint l'épaulette de sous-lieutenant que le premier brumaire an V. Il fut nommé lieutenant le 1er messidor an VI et passa l'année suivante en Italie, avec la division de Bernadotte. Désigné le 1er brumaire an VII comme aide de camp du général Eblé [1] qui commandait l'artillerie

1. Eblé, général de division (1758-1812), mourut des

de l'armée de Naples, Exelmans se distingua particulièrement à l'attaque de cette ville, où il commandait la principale batterie. Il se fit remarquer dans cette circonstance par son courage énergique et sa force de volonté ; maintes fois déjà il avait donné des preuves de sa bravoure.

En février 1799, en raison de ses talents il fut pris pour aide de camp par le général Broussier [1], chargé de faire la conquête de la Pouille sous le haut commandement du général Duhesme. Après la victoire de San-Severo, cette province fut occupée et Broussier chargé de la surveiller, ayant sous ses ordres les 17e et 64e demi-brigades, les grenadiers de la 73e, le 16e régiment de dragons et six pièces d'artillerie légère. Le 21 mars, il attaqua Andria près de Couny sur l'Adriatique. Exelmans, placé à la tête de plusieurs compagnies de grenadiers, enleva la ville d'assaut et se dis-

suites des fatigues éprouvées en faisant établir les ponts pour le passage de la Bérézina.

1. Le général de division comte Broussier, né à Ville-sur-Saulx, canton de Montiers, le 10 mai 1766, est décédé à Bar-le-Duc le 13 décembre 1814.

tingua brillamment par sa vaillance et son intrépidité.

Après la prise d'Andria, Broussier se porta vers Trani, sur l'Adriatique, principale place d'armes des révoltés et en commença l'attaque le 2 avril au matin.

Exelmans, à la tête des grenadiers du 64e régiment (colonel Charlot), monta à l'assaut de la place et arriva avec six de ses braves, sur le parapet du bastion, y culbuta les canonniers qui l'occupaient, et fit tourner deux des pièces encore chargées contre les assiégés. Ceux-ci, saisis d'épouvante, cherchèrent à se réfugier dans la citadelle ; mais Exelmans voyant qu'il était impossible de les devancer en suivant les rues, monta avec ses grenadiers sur les terrasses qui couronnaient le faîte des maisons, et, coupant à travers les rues, arriva devant la citadelle en même temps que les fuyards.

Après ce coup d'éclat, les généraux Duhesme et Broussier, englobés tous deux dans la disgrâce de Championnet, furent destitués et incarcérés. Le général Championnet ayant porté ombrage au Directoire, fut arrêté et conduit à Grenoble où il resta prisonnier jusqu'à la révolution du 30 Prairial an VII. Broussier mécontent, se plaignit à Bonaparte déjà puissant, et lui écrivit en ces termes :

« Tous les pays au-delà de l'Issonto étaient « en armes contre nous, Barletta et Barri « tenaient seuls notre parti. Cette dernière « ville était assiégée par une armée de 12000 « hommes et 3 pièces de canon. Dans 16 jours « de temps, à 45 lieues de l'armée, avec 2000 « hommes et 3 pièces de canon, je parvins à « soumettre tout le talon de la botte. Je pris « 5 villes d'assaut, 43 pièces de canon, 30 dra-« peaux : je détruisis l'armée ennemie, je tuai « les chefs, plus de 10000 révoltés périrent. « Croiriez-vous, mon Général, que, le 18e jour « je fus arrêté par ordre de Schérer ; mon « crime était d'être dévoué à Championnet, « qui m'avait comblé de bienfaits... O temps ! « Depuis 3 mois, mon aide de camp Exelmans « sollicite la confirmation d'un grade gagné sur « le champ de bataille, et il n'a pu l'obtenir. » [1]

1. Cette lettre portait la date du 21 Ventôse, an 8.

L'emprisonnement et la destitution furent prononcés contre Broussier par le général Schérer, commandant en chef de l'armée d'Italie, parce qu'il était l'ami de Championnet.

Le jeune Exelmans, dont les qualités remarquables avaient été justement appréciées, fut nommé, le 24 germinal an VII (13 avril 1799), par le général en chef Macdonald, capitaine provisoire au 16e régiment de dragons. Dès lors, il appartenait définitivement à la cavalerie, arme dans laquelle il a montré les plus brillantes qualités de valeur et d'indomptable énergie, jointes à l'habileté profonde du tacticien.

Du mois d'avril au mois de juillet, le capitaine Exelmans suivit le sort du 16e dragons, qui se fit remarquer dans le combat livré près de Modène, et où fut tué le général Forest. Exelmans assista encore avec le 16e dragons à la sanglante bataille de la Trebbia, qui dura trois jours (17, 18 et 19 juin), et où l'armée de Macdonald, forte de 30.000 hommes, fut écrasée par 50.000 Austro-Russes [1].

1. Général Thoumas, 10-11-47.

III

1800. — Géra. — Exelmans aide de camp de Murat. — 1805. — Wertingen. — Exelmans présente à l'Empereur les trophées de la victoire. — Ems. — Austerlitz.

Championnet étant rentré en grâce, fut nommé au commandement en chef de l'armée des Alpes ; il y appela les généraux Duhesme et Broussier. C'est alors qu'Exelmans fut nommé officiellement aide de camp du général Broussier, le 3 thermidor an VII, et confirmé dans son grade de capitaine le 19 messidor an VIII.

Au commencement de la campagne de 1800, Bonaparte, plus actif et plus intrépide qu'Annibal, se frayait une route à travers le mont Saint-Bernard, cette muraille de dix lieues de glace que jamais armée n'avait osé franchir. Le général Duhesme, nommé lieutenant-général, ayant sous ses ordres la brigade Broussier, fut chargé d'occuper la Lombardie et d'observer les troupes qui venaient de Mantoue pour rejoindre la grande armée autrichienne, pendant les opérations préliminaires de la bataille de Marengo. Le lieutenant-général Duhesme franchit l'Adda à Castelnuovo. Exelmans passa le premier avec 15 hommes et eut son cheval blessé sous lui. Quelques jours après, trompant la surveillance des sentinelles ennemies, il pénétra seul dans Géra, près de Pizzighettone, reconnut un passage dans les fossés, et conduisit le lendemain les troupes qui se logèrent dans la place. Enfin, dans une affaire qui eut lieu près de Crémone, il fit à lui seul dix prisonniers du régiment de Bussi et tua de sa main le lieutenant-colonel de Curtius.

Au mois de juin 1800, le général Broussier ayant quitté le service, Exelmans passa au 15ᵉ régiment de chasseurs.

Après la paix de Lunéville (9 février 1801), le 15ᵉ chasseurs fut appelé à faire partie de l'armée chargée de surveiller le royaume de Naples et la Toscane. Le commandement en fut confié au général Murat, qui prit pour aide de camp Exelmans (1ᵉʳ prairial an IX). Celui-ci resta depuis, pour le brillant commandant de la cavalerie de la Grande Armée et pour l'infortuné roi de Naples, l'ami le plus fidèle et le serviteur le plus dévoué [1].

Exelmans, promu chef d'escadron par décret du 3 octobre 1803, était alors âgé de 28 ans; il fut appelé à remplacer près de Murat, en qualité de premier aide de camp, le colonel Beaumont nommé au commandement du 10e régiment de chasseurs. Il se trouva alors à la tête de ce brillant état-major dans lequel figuraient, entre autres officiers, les lieutenants Lagrange et Flahaut (ce dernier devait plus tard succéder au maréchal Exelmans comme Grand Chancelier de la Légion d'honneur).

Le 25 prairial suivant, il était nommé chevalier de la Légion d'honneur.

En 1805, Exelmans conserva les mêmes fonctions près de Murat devenu maréchal de France, et fit avec lui la mémorable campagne d'Autriche.

Quatre attaques étaient préparées contre l'Empire : les Suédois et les Russes devaient

1. Général Thoumas.

s'avancer par le Hanovre; les Russes et les Autrichiens par la vallée du Danube; les Autrichiens seuls par la Lombardie; les Russes, les Anglais et les Napolitains par le midi de l'Italie.

Napoléon réserva tous ses coups pour la quatrième, forte de 80.000 hommes, que le général Mack, précédant la grande armée russe et les réserves autrichiennes, conduisit à travers la Bavière vers les défilés de la Forêt-Noire et les bords du Rhin.

Le 25 septembre, Murat et Lannes passèrent le pont de Kehl et se dirigèrent eux aussi, vers la Forêt-Noire. Les démonstrations qu'ils y firent masquèrent les mouvements qu'exécutaient les autres corps de l'armée française.

Du 3 au 7 octobre, celle-ci s'établit parallèlement au Danube, la droite, à Heidenheim vis-à-vis Donauwœrth, la gauche à Eichstett, vis-à-vis Ingolstadt.

Dans la nuit du 7 au 8 octobre, les ponts du Danube furent enlevés; Murat et Lannes passèrent le fleuve avec les dragons de Beaumont et de Klein, les cuirassiers de Nansouty et les grenadiers d'Oudinot, pour se porter vers Ulm et barrer la route à Mack, dans le cas où celui-ci voudrait se retirer sur Munich.

Exelmans, qui, le 6, avait enlevé le pont de Rain sur le Leck, fut envoyé le 8 octobre pour mettre en communication la cavalerie de Murat et le corps de Lannes qui se trouvaient sur la rive gauche du Danube, avec le corps de Ney qui était encore sur la rive droite. En passant près de Wertingen, il entendit tout à coup, le bruit d'une vive fusillade : c'était le 9e régiment de dragons qui venait de se heurter à une colonne autrichienne. Bien qu'il eût parcouru plus de 4 lieues à une allure rapide, son ardeur (dit-il lui-même, dans un récit qu'il a laissé de cette affaire), n'était pas ralentie. Il se précipita vers les dragons. « Où est le général ? s'écria-t-il à haute voix, où est-il ? » — « Il est allé à quelque distance, lui répond-on, pour explorer la hauteur. » — « Eh quoi ! vous laisserez-vous ainsi mitrailler ? Donnez-moi 150 hommes de bonne volonté ; qu'ils mettent pied à terre, et je me charge avec eux de débarrasser le village. »

— « Nous sommes tous de bonne volonté, s'écrie le colonel Maupetit. » Les dragons s'étonnent, se regardent, et se précipitent en masse ; c'est à savoir qui suivra Exelmans. Celui-ci en choisit un certain nombre ; il leur fait mettre pied à terre, et après plusieurs charges dans lesquelles il a trois chevaux tués sous lui, il réussit grâce à cette impétueuse attaque à arrêter la colonne autrichienne ; ce qui donne le temps au maréchal Lannes de l'aborder, de la défaire, de lui prendre deux drapeaux et 20 pièces de canon. Lannes et Murat avaient paru à temps sur le champ de bataille pour voir le Commandant Exelmans lancé en l'air par son cheval. « Qu'est-ce cela ? s'écria Murat. » — « C'est, par ma foi, ton aide de camp qui saute, répondit Lannes. » Murat fort étonné, demanda au jeune chef d'escadron, par quel hasard il se trouvait là, et s'emporta d'abord contre lui, parce qu'il avait engagé le combat de sa propre autorité. Mais Lannes plaida si chaleureusement la cause d'Exelmans que Murat finit par rendre témoignage à l'intrépidité du jeune chef d'escadron. Il le chargea de porter lui-même à Napoléon les trophées de sa victoire. L'Empereur qui se trouvait à Donauwœrth, entouré de tout son état-major fit à Exelmans l'accueil le plus flatteur, il le félicita en lui disant : « *Je sais qu'on ne peut être plus brave que toi ; je te fais officier de la Légion d'honneur.* » (*3e Bulletin de la Grande-Armée, 18 Vendémiaire an XIV*). C'était la première fois que Napoléon tutoyait Exelmans ; depuis lors il le tutoya toujours [1]. Les drapeaux pris à l'ennemi dans cette journée, et présentés à l'Empereur par Exelmans, furent envoyés à Paris, où leur arrivée excita des transports d'enthousiasme. Cet envoi était accompagné de cette lettre peu connue :

L'Empereur et Roi aux Préfet et Maires de la Ville de Paris.

« Messieurs les Préfet et Maires de notre bonne Ville de Paris, nos troupes ayant, au combat de Wertingen, défait douze bataillons

1. Exelmans avait été nommé membre de la Légion d'honneur, le 14 juin 1804.

de grenadiers, l'élite de l'armée autrichienne, toute son artillerie étant restée en notre pouvoir, ainsi qu'un grand nombre de prisonniers et huit drapeaux, nous avons résolu de faire présent des drapeaux à notre bonne Ville de Paris, et de deux pièces de canon, pour rester à l'Hôtel-de-Ville. Nous désirons que notre bonne Ville de Paris, voie dans ce souvenir et dans ce cadeau, qui lui sera d'autant plus précieux, que c'est son gouverneur qui commandait nos troupes au combat de Wertingen, l'amour que nous lui portons. Cette lettre n'étant à d'autre fin, nous prions Dieu qu'il vous tienne en sa sainte et digne garde.

« Au quartier général impérial d'Augsbourg, ce 18 Vendémiaire an XIV.

« NAPOLÉON. »

Exelmans continua la campagne ; il se distingua encore à Ems, à Amstetten (5 novembre) où il eut un cheval tué sous lui ; à la prise du pont de Vienne ; à Hollabrünn et surtout à Austerlitz (2 décembre) où il eut encore un cheval tué sous lui.

Le 27 décembre 1805, Exelmans fut confirmé dans le grade de colonel qu'il avait reçu de l'Empereur 2 jours avant l'affaire d'Elchingen, à la suite d'une reconnaissance hardie qu'il avait exécutée sur les positions de l'ennemi.

A la même époque, il fut nommé au commandement du 1er régiment de chasseurs en remplacement du colonel de Montbrun nommé général de brigade (27 décembre 1805). Exelmans s'appliqua à réorganiser ce régiment qui avait beaucoup souffert pendant la campagne.

IV

Auerstædt. — Eylau. — Exelmans général de brigade. — Kœnigsberg. — Tilsitt.

Une quatrième coalition dans laquelle entrèrent l'Angleterre, la Prusse, la Russie et la Suède (24 septembre 1806) força Napoléon à reprendre les armes.

Le 1er chasseurs continua pendant cette nouvelle campagne à appartenir au 3e corps d'armée et forma, avec le 2e et le 12e chasseurs, la brigade Vialanes.

A Auerstædt, ce fut un escadron du 1er chasseurs qui engagea la bataille le 14 octobre, et repoussa l'avant-garde prussienne. Ce régiment se trouva plus d'une fois à quarante ou cinquante lieues en avant du gros du corps d'armée. C'est ainsi que le 1er novembre le colonel Exelmans, par ordre du maréchal Davoust, s'était porté, avec le 1er régiment de chasseurs à cheval, de Francfort sur Posen où il arriva le 4 au soir et fut reçu aux acclamations des habitants qui, depuis le partage de leur pays, n'attendaient que de la protection de la France, la restauration de leur patrie.

Rien ne saurait donner une idée de l'enthousiasme avec lequel il fut accueilli par la population accourue sur son passage. Exelmans obtint à cette occasion un grand succès personnel, par sa bonne mine à cheval, sa tournure élégante et son air martial.

Son régiment passa un des premiers la Vistule et donna des preuves particulières d'une valeur sans égale dans les différentes rencontres qu'il eut avec l'ennemi avant et après la bataille d'Eylau, à laquelle il prit, avec le 3e corps, une part des plus actives.

C'est à ce sujet qu'en 1849 Exelmans, alors général de division et grand-chancelier de la Légion d'honneur, écrivait la lettre suivante à un colonel d'infanterie qui venait de lui envoyer la narration de cette sanglante bataille :

« J'ai reçu avec un vif intérêt la petite bro-
« chure que vous m'avez fait l'honneur de m'a-
« dresser ; tout ce que vous racontez de la rude
« affaire d'Eylau me paraît très exact, quoique

« ce ne soit précisément pas la totalité des « épisodes de cette sanglante journée. Je vous « félicite bien sincèrement de vous en être tiré « avec vos quatre membres, puisque vous « étiez de ce fameux 24e régiment de ligne, « si bien commandé alors par le vaillant « colonel Sémélé. J'étais colonel aussi, en ce « moment, du 1er chasseurs et suis arrivé la « veille sur le plateau d'Eylau, où mon régi- « ment a ferraillé toute la journée. Lors de « l'affaire, c'est-à-dire le matin, je fus envoyé « à l'extrême droite par le maréchal Davoust ; « je fus occupé constamment à empêcher les « Cosaques de venir se jeter, selon leur mé- « thode, derrière notre armée dans les bois qui « s'y trouvaient. Je fus assez heureux pour « réussir, mais avec des fatigues inouïes pour « ce régiment qui n'était pas nombreux du « tout.

« Votre brochure n'en dit rien et cela se « conçoit : les troupes légères, dans une « grande bataille, ne servent en quelque sorte « que d'ombre au tableau d'un grand drame « plus ou moins sanglant. Cependant elles

« peuvent rendre de véritables services pour la « sécurité et la quiétude d'une armée pendant « le fort de l'action et même lorsqu'elle est « terminée. »

Après 18 mois de grade de Colonel, à l'âge de 32 ans, Exelmans fut nommé le 14 mai 1807, Général de brigade, et par décret du 16 mai de la même année, il reprit son poste d'aide de camp auprès de Murat qu'il accompagna sous les murs de Kœnigsberg et à Tilsitt ; puis après la paix (8 juillet 1807), il le suivit à Dresde et de là à Paris où il rentra avec l'Empereur.

V

Mariage d'Exelmans. — Expédition d'Espagne. — Arrestation d'Exelmans. — Captivité en Angleterre. — Sa fuite.

Le 31 janvier 1808, le Général Exelmans épousa Mlle Amélie-Marie-Josèphe Delacroix de Ravignan, alors âgée de 19 ans. Elle était née à Bayonne et avait été conduite à Paris pour y achever son éducation.

Mlle de Ravignan était d'une beauté remarquable ; vrai type du midi : très brune, petite, avec de grands yeux de velours noir, une jolie bouche, un tout petit nez qu'on admirait encore dans sa vieillesse et une splendide chevelure noire de jais, qu'elle ne pouvait démêler seule et dont, en exil, le Général prenait soin lui-même, ne permettant pas dans son exquise bonté que sa femme coupât cette merveille. La beauté si brune de Mlle de Ravignan faisait contraste avec celle du Général qui était grand, mince, élancé, avec des cheveux très blonds et des yeux bleus remarquables.

Mlle de Ravignan n'allait pas dans le monde ; elle ne savait guère ce qui s'y passait que par sa cousine, Mme de Luçay, dame d'atours de l'Impératrice Joséphine; c'est elle qui eut l'idée de marier Mlle de Ravignan au Général Exelmans, alors âgé de 33 ans, qui jouissait déjà dans l'armée d'une réputation de bravoure égale à la distinction et à l'éclat de ses services.

La bénédiction nuptiale fut donnée à l'Elysée par l'aumônier de la Grande-Duchesse Caroline, et dès le lendemain, Mme Exelmans prenait son service près de la Grande-Duchesse, en qualité de dame d'atours. Elle devint bientôt sa confidente et son amie.

Il y avait pourtant entre ces deux femmes bien des dissemblances, mais la princesse faible de caractère, avait un grand fonds de bonté qui faisait qu'on ne pouvait ne pas s'attacher à elle.

Après une lune de miel de vingt jours seulement, Exelmans partait pour l'Espagne (21 février 1808) en quête de nouvelles aventures. La séparation devait être longue et semée d'incidents.

L'anarchie régnait en ce moment à la cour de Madrid. Napoléon envoya Murat prendre, en qualité de lieutenant de l'Empereur, le commandement en chef des troupes qui devaient opérer sous ses ordres en Espagne (mars 1808).

Nous ne décrirons pas les événements de cette funeste guerre. « Ma plus grande faute, « dit lui-même Napoléon, est d'avoir mis de « l'importance à détrôner la dynastie des « Bourbons : la guerre d'Espagne a été la cause « première des malheurs de la France ; c'est « ce qui m'a perdu. »

Exelmans prit à cette guerre une part active. Chargé de protéger le roi Charles IV et la reine détrônés par leur fils Ferdinand et de les conduire à Bayonne où se trouvait Napoléon, il les garantit par ses soins et son énergie de toutes les tentatives faites par leurs nombreux ennemis, et sut les faire respecter pendant ce long voyage à travers un pays violemment agité.

Madrid et les principales villes de l'Espagne venaient de se soulever (2 mai 1808). Les troupes françaises d'occupation ne purent arrêter l'insurrection. Bessières[1] était au Nord ; Dupont[2] occupait l'Andalousie, Moncey[3] le royaume de Valence. Exelmans fut envoyé avec le colonel de Lagrange et le commandant Rosetti, auprès du maréchal Moncey qui était à Cuença, pour lui transmettre les ordres de Murat. Arrivé à Salice, à six lieues du terme de sa mission, Exelmans fut arrêté ainsi que ses compagnons par une bande d'insurgés, au moment où il montait en poste pour se rendre à Cuença. Il fut conduit à Valence. Le Gouvernement français proposa la mise en liberté de ces officiers en échange de plusieurs officiers espagnols qui étaient entre nos mains. Les Espagnols connaissaient trop la valeur des hommes qu'ils détenaient et refusèrent tout échange.

1. Bessières (1768-1813) tué d'un coup de canon la veille de la bataille de Lützen.

2. Dupont (Pierre) (1765-1839) général de division. — Ministre de la guerre sous Louis XVIII.

3. Moncey (Bon-Adrien Jennot de) (1754-1842) duc de Castiglione, Maréchal de France. — Une statue lui a été érigée à Paris, près de la barrière de Clichy, en souvenir des combats héroïques qu'il livra aux alliés qui assiégeaient Paris.

Exelmans resta jusqu'en 1810 en leur pouvoir. Ils le livrèrent ensuite aux Anglais avec son ami, le colonel de Lagrange. Bien qu'ils eussent été faits prisonniers par des insurgés, on ne tint aucun compte de leurs incessantes et énergiques protestations.

Exelmans fut interné à Chesterfield où il jouit d'une liberté relative. La captivité lui pesait de plus en plus et il mit à exécution le projet de s'évader car pendant ces 22 mois sa rançon avait été payée deux fois par l'Empereur. Accompagné du colonel de Lagrange, Exelmans se rendit à Deale et traversa ensuite la Manche sur une barque à quatre rameurs qu'il paya 100 guinées (2650 francs). Il fut aidé dans cette évasion par un anglais nommé *Lawton* qui avait préparé une barque sur un point déterminé de la Tamise. Exelmans étant excellent nageur résolut de traverser le fleuve à la nage pour déjouer tout soupçon. Mais on connut très vite sa fuite et on se mit à sa poursuite ; les soldats anglais arrivèrent au bord du fleuve au moment où Exelmans s'en éloignait à la nage et le capitaine donna ordre de tirer dessus, pour l'avoir plutôt mort que de le laisser libre tant on savait que son patriotisme bouillant et son ardeur le rendaient un ennemi dangereux. Le hasard voulut qu'à cet endroit la Tamise se séparât en deux bras, de sorte qu'Exelmans jeta sa petite calotte de tête d'un côté et disparut sous l'eau, où il nagea fort longtemps pour reparaître dans l'autre bras à une grande distance. Il était sauvé ; car les soldats continuaient leur fusillade sur le bonnet qui flottait, croyant bien anéantir à jamais le brave des braves. Il n'oublia jamais ce qu'il devait à ce Lawton qu'on voyait encore en 1850 et 1851 faire des séjours réguliers à la Grande Chancellerie chez le Maréchal Exelmans qui l'entourait de l'affection la plus dévouée.

VI

Exelmans nommé par Murat Grand Maréchal du Palais. — Campagne de Russie. — Exelmans Comte de l'Empire et Grand Officier de la Légion d'honneur.

Arrivé à Paris (1811) et mandé par Napoléon, Exelmans trouva près de lui le roi de Naples, son ancien chef qui voulut encore se l'attacher. En effet, quelques jours plus tard, Exelmans nommé Grand Ecuyer, accompagna Murat à Naples, où Madame Exelmans l'avait précédé en qualité de dame du palais de la reine Caroline. Traité avec distinction, il fut bientôt nommé Grand Maréchal du palais.

Moins d'un an après, voyant que Murat cherchait à séparer ses intérêts de ceux de la France, Exelmans lui représenta qu'en se fiant aux fausses protestations de ses sujets pour renoncer à la protection de la France, il s'exposait à une perte certaine.

Une brouille étant survenue entre Murat et Napoléon, Exelmans n'hésita pas entre sa patrie et le sacrifice de sa situation personnelle, et rentra en France, malgré tous les efforts tentés pour le retenir. Le 24 décembre 1811, il fut d'abord nommé major à la suite des chasseurs à cheval de la garde impériale. Il n'était encore qu'Officier de la Légion d'honneur et avait été nommé baron de l'Empire le 17 mars 1808, avec une dotation de 10000 francs de rente annuelle sur les revenus de la Westphalie.

Le 9 juillet 1812, Exelmans passa aux Grenadiers de la garde avec le même grade, et c'est avec ce titre qu'il prit part à la campagne de Russie.

Il assista à la bataille de la Moskova et fut nommé général de division (8 septembre 1812). Il avait 37 ans. Le général Pajol ayant été blessé le 9 septembre au combat de Krimskoié, Exelmans le remplaça à la tête de la division de cavalerie légère du 2e corps de cavalerie. C'est à la tête de cette division qu'il entra à Moscou (14 septembre). Il poursuivit ensuite l'armée russe à vingt lieues de là, sur la route de Kalouga, où se trouvait Kutusof, prit une part glorieuse à plusieurs combats, et blessé d'un coup de pistolet au genou (4 octobre), il revint à Moscou, obligé d'abandonner momentanément son commandement, ce qui lui évita d'assister le 18 octobre à la surprise de Winkowo.

Le 19 octobre, l'Empereur donnait le signal irrévocable du départ de l'armée. Exelmans dont la blessure était loin d'être guérie ne put monter à cheval, et fit à pied une partie de la route. Il sortit enfin de Russie, traversa la Pologne et parvint très péniblement à Dessau, sur l'Elbe, où il rassembla plus tard sa division composée de 8 régiments de cavalerie légère. Quelques semaines après, il obtint un congé de convalescence de deux mois qu'il vint passer à Paris. Guéri de sa blessure, il quitta Paris, mais forcé de s'arrêter à Francfort-sur-le-Mein pour y remplacer les chevaux qu'il avait perdus dans la campagne de Russie, il ne rejoignit l'armée qu'à Dresde lorsque l'Empereur y fut rentré après la bataille de Lutzen, puis il prit part à la bataille de Bautzen (21 mai 1813). Pendant l'armistice de Pleswitz (4 juin au 10 août), Exelmans s'occupa activement de l'instruction et de l'organisation de sa division, tâche très difficile en raison du grand nombre de jeunes soldats, de chevaux non dressés, et surtout de la disette de fourrage. Après l'armistice, sa division fit partie du 2ᵉ corps de cavalerie, qui avec les 3ᵉ, 5ᵉ et 11ᵉ corps, placés sous les ordres de Macdonald [1], devaient marcher à la rencontre de l'armée de Silésie. Il prit part à la funeste bataille de la Katzbach qui eut lieu en même temps que celle de Dresde, et dont l'objet était de masquer la marche rétrograde de l'armée française en Saxe (25 août).

Après les combats malheureux que livra le maréchal Macdonald à l'armée de Silésie et la perte de la division Puthod, la division commandée par Exelmans soutint avec honneur la retraite sur le Bober (combats de Lœwenberg et de Bunzlau) et sur la Sprée repoussant les attaques de la cavalerie ennemie.

Macdonald continuant sa marche rétrograde fut arrêté dans son mouvement par l'Empe-

1. Macdonald (Etienne-Jacques-Joseph-Alexandre), 1765-1840, Maréchal de France, duc de Tarente, reçut à Wagram le bâton de Maréchal.

reur, qui, accourant de Dresde, fit reporter les avant-gardes jusqu'à Gœrlitz (6 septembre). Malheureusement Napoléon ne pouvait être à Dresde et diriger la retraite de Macdonald. Rappelé à Dresde par les événements, l'Empereur laissa l'armée de Macdonald continuer sa marche en arrière. La division d'Exelmans formait l'avant-garde. Ce général quitta Bischofswerda à minuit [1]. Ses domestiques qu'il avait envoyés en avant, mais qui s'étaient arrêtés et endormis près de la porte de la ville, tombèrent le lendemain matin dans les mains de l'ennemi. Les huit chevaux qu'ils conduisaient furent également pris. En arrivant sur la Sprée, malgré la nuit qui approchait, Exelmans s'était jeté sur les hauteurs qui la couronnaient vers la gauche. Il rencontra douze à quinze cents Cosaques avec lesquels ses troupes ferraillèrent jusqu'à minuit. Le lendemain matin, cinq reconnaissances qu'il avait envoyées, revinrent au bout d'un quart d'heure

1. Extrait d'une notice sur Exelmans, écrite sous le règne de Louis-Philippe, et portant plusieurs corrections de la main du Maréchal.

lui annoncer que dix escadrons les suivaient. C'était la tête du corps de Sacken dont la force était de 22.000 hommes et qui arriva dans la matinée. Exelmans n'eut que le temps de faire exécuter au galop un changement de front pour se placer parallèlement à la vallée. Ainsi que des renseignements particuliers le lui avaient appris, le corps de Sacken venait pour attaquer le flanc gauche de l'armée de Macdonald quand elle serait engagée vers Bautzen, tandis que les Autrichiens l'attaqueraient vers la droite en débouchant des vallées de la Bohême. Quoiqu'il reçût l'ordre de rentrer dans la vallée pour soutenir l'attaque que devait commencer le général Gérard [1] (11e corps), Exelmans s'y refusa plusieurs fois et fit avertir Gérard, ainsi que l'Empereur et Macdonald, de la présence de Sacken. Macdonald se rendit auprès de lui pour se convaincre que son refus était fondé sur les motifs les plus légitimes ; l'Empereur, instruit

1. Gérard (Etienne-Maurice), 1773-1852, né à Damvillers (Meuse). Pair de France, Comte de l'Empire, Maréchal de France.

à son tour, ordonna pour la nuit suivante la retraite sur Weissig, à une lieue et demie en avant de Dresde.

Après la bataille de Dresde, l'Empereur donna au général Exelmans, sous les remparts de la ville, le titre de Comte en récompense de sa belle conduite pendant la campagne de Silésie et de la Katzbach (septembre 1813).

Deux mois après, le 7 novembre 1813, il l'éleva à la dignité de Grand-Officier de la Légion d'honneur.

VII

Leipzick. — Hanau. — Retraite du 11e corps. — Passage de la Marne. — Exelmans est remplacé à la tête du 2e corps.

Le mouvement vers l'Elbe s'exécuta sans embarras, l'armée de Blücher s'était dirigée vers Wittenberg, tandis que les Austro-Russes traversaient la Bohême pour couper la retraite en Saxe à l'armée française. Le rôle de la division Exelmans aux batailles de Vachau (16 octobre) et de Leipzick (18 octobre) fut très difficile. Exelmans montra dans cette lutte sanglante un courage et un sang-froid héroïques, surtout lorsque les Saxons qui n'étaient séparés de sa division que par un ravin, firent défection et se joignirent soudainement aux alliés qu'ils avaient jusque-là combattus. Ils revinrent se placer sur le revers droit du ravin et se mirent à canonner la division Exelmans dans son prolongement, alors qu'elle tenait tête à l'ennemi. Le général exécuta jusqu'au soir plusieurs charges avec sa fermeté ordinaire. Le lendemain 19, il quitta le champ de bataille à 9 heures du matin, après de nouveaux engagements avec les troupes légères de l'ennemi, pour sauver un grand nombre de nos soldats restés endormis dans les fermes et les villages voisins du champ de bataille. Il traversa Leipzick avec les restes de sa division, devenue inutile à l'armée : les hommes et les chevaux n'avaient ni bu ni mangé depuis vingt-quatre heures. Il s'arrêta le soir à Lutzen, le lendemain à Weissenfels. Là le général retrouva les ennemis, mais leur cavalerie ne l'empêcha pas de continuer sa route et de passer Unstrutt.

L'armée française poursuivant sa marche trouva devant elle à Hanau 45.000 Austro-Bavarois réunis pour lui couper la retraite vers le Rhin, tandis que la grande armée des alliés la suivait en queue et manœuvrait sur sa droite dans le même dessein. Exelmans qui, dans cette retraite, faisait partie de l'avant-garde, rencontra les Bavarois et les Autrichiens près de Gelnhausen sur la Kinzig, dont le pont venait d'être brûlé. Il fit mettre pied à terre à 200 chasseurs pour éloigner un bataillon de

Tyroliens établis sur un monticule, à une petite distance du chemin, et il acheva de les disperser par quelques coups de canon. Le soir, il coucha à Langen-Zébolin où l'Empereur arriva vers dix heures.

Le lendemain, le reste du 11e corps trouva l'ennemi dans la forêt, fortement établi sur les deux rives de la Kinzig et faisant face à nos troupes avec environ 50 bouches à feu qui accablèrent notre cavalerie.

Les grenadiers à cheval ne purent se former et furent refoulés dans le défilé. A ce moment arriva l'artillerie conduite par le général Drouot [1]. Aussitôt le général Exelmans plaça lui-même deux pièces de 12 près du débouché et fit tirer à mitraille sur l'ennemi au moment où les cavaliers autrichiens et bavarois arrivaient sur l'artillerie du général Drouot.

Cette opération exécutée si à propos changea la face du combat, l'ennemi s'arrêta et fut à son tour attaqué avec vigueur. Exelmans

1. Drouot (Antoine) (1774-1847), aide de camp de Napoléon qu'il accompagna à l'île d'Elbe.

ayant eu son cheval tué [1] au moment où les grenadiers étaient refoulés, dirigea les gardes d'honneur du 3ᵉ régiment vers la droite du défilé. Ceux-ci, conduits par le colonel marquis de Saluces, parvinrent à dégager les grenadiers en même temps que le général Nansouty [2] chargeait vers les chasseurs et les dragons de la garde. Parvenus dans la plaine qui bordait la forêt, les Français reconnurent que l'ennemi se retirait par le seul pont de Hanau. « Il est à regretter, dit Exelmans, dans une narration qu'il fit de cette bataille, que le général Nansouty qui commandait les dragons et les grenadiers de la garde, ait alors refusé au maréchal Macdonald de faire charger ces derniers, alléguant qu'il n'osait employer la cavalerie de la garde sans ordre de l'Empereur.

1. *Exelmans tombé de cheval et tout meurtri s'appuya contre un chêne et continua à diriger le mouvement. Le tableau bien connu, dans lequel Horace Vernet a représenté la bataille de Hanau, nous montre Exelmans dans cette position, portant encore sur son habit les marques de la chute qu'il vient de faire.*

2. Nansouty (Etienne-Antoine-Marie-Champion) (1768-1815), Comte de l'Empire, décédé étant commissaire du Gouvernement en Bourgogne.

L'ennemi eût été certainement culbuté dans le Mein, tandis qu'il resta dans Hanau. »

Avec les restes de sa division, Exelmans campa dans la plaine voisine de cette ville. On ne put même se procurer de l'eau. La nuit fut extrêmement pénible pour lui, car malgré sa fatigue et ses blessures, il dut veiller sur les moindres mouvements de l'ennemi, si rapproché de lui.

Pendant cette dernière journée, il avait placé cinq ou six cents hommes de sa division, auxquels il avait fait mettre pied à terre, sur la droite du chemin, dans la forêt, pour tenir tête à deux bataillons Bavarois qui menaçaient son flanc droit. Le général Wathiez La Salle, leur chef, officier aussi instruit qu'intelligent, s'acquitta à merveille de cette mission.

Le lendemain 23 octobre 1813, le 2e corps commandé par Sébastiani[1] et dont la division Exelmans formait l'avant-garde, arriva à

1. Sébastiani (1775-1851), ambassadeur de France à Constantinople, 1806, Ministre de la Marine et des Affaires étrangères sous Louis-Philippe, Ambassadeur à Naples et à Rome — Maréchal de France en 1840.

Francfort, que les Bavarois évacuèrent en repassant sur la rive gauche du Mein. Le surlendemain, la division passa le Rhin à Mayence et le descendit jusqu'à Nimègue avec le 11ᵉ corps.

Le général Sébastiani ayant pris le commandement du 5ᵉ corps (infanterie) à Cologne, Exelmans fut appelé au commandement du 2ᵉ corps de cavalerie. Il se rendit à Nimègue, où, après un repos de quelques jours, il fut envoyé par Macdonald, avec quelques bataillons, sur le fort Saint-André, qu'il devait reprendre aux Prussiens, et couvrir ainsi le passage d'un corps de troupe dans l'île de Bonnuel. Mais ceux-ci répondirent à coups de canon à la sommation qui leur fut faite et tentèrent une sortie que refoulèrent deux bataillons de la brigade Bigarré. Cette opération, qui n'eût été possible que par un coup de main exécuté en traversant la rivière gelée, ne put être tentée, la glace étant trop faible. Exelmans revint à Nimègue qu'il quitta le lendemain pour aller passer la Meuse à Grave, avec quelques escadrons du 2ᵉ corps de cavalerie ; les autres, empêchés par les glaçons, la passèrent à Maëstricht, et le 2e corps remonta ensuite la Meuse sans difficulté. Cependant les Prussiens vinrent occuper Liège, d'où ils chassèrent la brigade de cavalerie légère du général Castex, en lui faisant éprouver de grandes pertes.

Exelmans, suivant la retraite du 11e corps, arriva sur la Marne dans les premiers jours de février 1814, au moment où l'Empereur commençait sa marche par la vallée de la Seine vers Champaubert.

Le maréchal Macdonald avait été chargé d'aller retirer la garnison de Vitry, réduite à 500 hommes, avec 24 bouches à feu et 300 voitures ; Exelmans arriva à une lieue de Lachaussée où il rencontra le corps de Bulow ; il fut obligé de s'arrêter en avant de ce village, où vint coucher Macdonald. Exelmans, qui était en avant du défilé pour couvrir le quartier-général, fut attaqué le lendemain matin par Bulow. La brigade du général Dommanget et celle de cuirassiers du général Thiéry, soutinrent le choc avec leur fermeté ordinaire ;

mais celle des carabiniers, qui n'était pas encore formée à la droite de la route, se retira, de sorte que le général dut repasser le défilé derrière lequel il se plaça pour attendre une nouvelle attaque des Prussiens. Le Maréchal ne le lui permit pas, et ce fut le vaillant général Colbert qui eut à en supporter le choc.

Le 11ᵉ corps vint passer la Marne à Châlons et le général Exelmans fut alors envoyé, avec le 2ᵉ corps de cavalerie, à Vatry, sur la route de Châlons à Troyes. Il y releva le 3ᵉ corps de cavalerie commandé par le duc de Padoue. Il poussa, le 5 février, une reconnaissance à deux lieues de là, sur la route de Troyes. Ce mouvement devait couvrir celui du général Montmarie revenant de Vitry par la rive gauche de la Marne, et qui était arrivé dans cette ville au moment même où se faisait cette reconnaissance. Exelmans fut suivi par 5.000 hommes du corps de Sacken, qui engagèrent le combat avec son arrière-garde, pendant qu'il se retirait par échelons. Il avait reçu l'ordre de partir le soir même pour se rendre à Montmirail par la Tour-du-Mont-Aimé, en escortant un convoi de 400 voitures. Il disposa en conséquence tout ce convoi en un carré à double rang de voitures, mais à centre vide, avec une batterie, un bataillon et quelques escadrons sur chaque face, pour pouvoir combattre et marcher en parcourant la plaine. Mais au lieu d'aller par la Tour-du-Mont-Aimé, il passa la Sommesoude sur le pont qui est près de Vatry, et descendit la rive droite de cette rivière, qui le séparait de l'ennemi. Il n'en fit effectuer le passage qu'une heure avant la nuit, pour ne pas donner l'occasion à l'ennemi de diriger une attaque sérieuse contre le convoi. Au moment où l'arrière-garde avec laquelle était le général allait passer le pont, elle fut attaquée par une division de 5.000 hommes qui l'avait suivie. D'un autre côté, moins d'un quart d'heure après la mise en marche, les troupes légères de l'ennemi se présentèrent en tête du convoi. Elles furent facilement repoussées. Cependant une grande ligne de troupe se dessinait dans la plaine, au-delà de la Sommesoude (rive gauche). C'était le corps de Sacken qui, avec les 5.000 hommes qui en avaient été détachés, en comptait au total 22.000, formant un grand triangle d'environ une lieue de côté, et dont la base s'appuyait à la Sommesoude. Sacken fit placer sur les bords de la rivière une batterie de 20 canons qui tira sur le convoi. Le feu ayant pris à quelques caissons, les soldats du train et les chevaux s'effrayèrent et s'enfuirent à la débandade à travers la plaine vers la Marne.

Le général Exelmans fit répondre à cette batterie par une batterie de six canons de 12 placés à gauche du convoi, mais Sacken ayant fait passer la rivière à une partie de sa cavalerie, Exelmans se retira par les vignes pour aller passer la Sommesoude avec son deuxième corps à Saint-Denis, sur la route de Châlons à Montmirail, et fit cesser son feu pour dérober ses traces à l'ennemi. Il dirigea ensuite le convoi sur Epernay où se trouvait Macdonald; 50 caissons abandonnés par les soldats du train furent perdus.

Ce même jour (5 février), Blücher était entré à Châlons. D'après ce que le général Exelmans avait reconnu des projets de Sacken, celui-ci devait marcher sur La Ferté-sous-Jouarre pour arrêter le corps de Macdonald au passage de la Marne, et par conséquent l'empêcher de se joindre à l'Empereur. Exelmans passa la nuit à Saint-Denis et se rendit le lendemain à Vertus.

Le maréchal ayant alors fait rapprocher le 2e corps de la Marne, envoya Exelmans, le 9 février, avec la moitié de ce 2e corps (mille chevaux) au-devant de Sacken, vers le Morin. Il le trouva en effet à deux lieues de cette rivière, et reçut l'ordre du maréchal, venu pour reconnaître l'ennemi, de se retirer sur La Ferté-sous-Jouarre, ce qu'il fit en combattant jusqu'à deux heures du matin.

Le général Molitor [1], arrivé avec sa division, eut à livrer le 10 février un rude combat à des forces bien supérieures ; il fut soutenu à temps par la petite division du vaillant général Albert, et ces deux divisions purent se reti-

1. Molitor (Gabriel-Jean-Joseph), 1770-1849, Maréchal de France, Gouverneur Général de la Hollande de 1811 à 1813, Gouverneur des Invalides 1847, Grand Chancelier de la Légion d'honneur en 1848.

rer le lendemain sur Meaux. Exelmans trouva dans cette ville le général de Saint-Germain qui venait rejoindre le 2e corps de cavalerie. Ce dernier lui affirma que l'Empereur l'avait formellement chargé de prendre le commandement du 2e corps ; Exelmans, qui le croyait plus ancien que lui, n'hésita pas à lui céder le commandement, et fort mécontent de se voir ainsi écarté, il revint à Paris, exténué de fatigue. Deux jours après, il rejoignit l'Empereur à Brie-Comte-Robert.

VIII

Exelmans commandant de la cavalerie de la Vieille Garde. — Craonne. — Laon. — La Villette. — Passage de la Marne. — Marche sur Saint-Dizier. — Capitulation de Paris.

Sur ces entrefaites, le maréchal Macdonald, attaqué près de Meaux, par les troupes légères de Sacken, les repoussa ; mais Sacken arriva à temps près de Château-Thierry pour repasser la Marne et rejoindre Blücher, qui lui-même allait retrouver à Méry la grande armée de Schwarzenberg. Lorsque la nouvelle de cet engagement parvint à Exelmans, il éprouva un double regret d'avoir quitté son 2e corps, il reçut bientôt un grand dédommagement.

En effet, à Nangis, l'Empereur l'ayant interrogé, il lui apprit ce qui s'était passé entre le général de Saint-Germain et lui. Napoléon, étonné au dernier point, déclara n'avoir jamais donné un ordre semblable au général de Saint-Germain, et fit à Exelmans l'insigne honneur de lui confier le commandement de la division de cavalerie de la Vieille Garde.

Avec cette division, il prit part à la bataille de Craonne (6 et 7 mars 1814). Parti de Fismes avec le général Nansouty le 5 mars, il avait tout culbuté sur sa route, enlevé à l'ennemi deux pièces de canon et 200 cavaliers, et s'était emparé du pont de Berry-au-Bac sur lequel le lendemain Napoléon passa l'Aisne, avec son armée. Ce même jour (6 mars), les hauteurs de Craonne furent attaquées une première fois par les maréchaux Ney [1] et Victor [2] ; la ville même fut prise. Mais Napoléon avait, à la faveur de cette attaque, reconnu que le plateau et ses environs étaient occupés par toute l'armée de Blücher et de Sacken ; tandis que Bulow, arrivé par La Fère et Soissons, s'était échelonné entre cette dernière ville et Laon. Ney et Victor campèrent le soir au pied des

1. Ney (Michel), 1769-1815, duc d'Elchingen, prince de la Moskowa, Maréchal de France, condamné à mort sous la seconde Restauration, par la Cour des Pairs et fusillé le 7 décembre 1815, près de l'Observatoire, à l'endroit où se dresse aujourd'hui sa statue, œuvre de Rude.

2. Victor (Claude-Victor, Perrin dit), 1764-1841, duc de Bellune, Maréchal de France. Le fils du Maréchal Victor a publié en 1846 des « Extraits de ses Mémoires inédits ».

hauteurs. La division Mortier[1] de la Vieille Garde s'établit à Corbeny ; la cavalerie de la Vieille Garde à Craonne et aux environs, et l'attaque générale du plateau fut remise au lendemain.

Dans la sanglante bataille de Craonne, 30000 Français, avec une artillerie insuffisante, attaquèrent un plateau élevé défendu par 50000 hommes et de nombreuses bouches à feu ; Napoléon réussit à se rendre maître de cette position redoutable en combinant une attaque de front avec deux attaques de flanc. La plus importante, celle de gauche, fut exécutée par le corps de Ney soutenu par la cavalerie de Nansouty, dont faisait partie la division de cavalerie de la Vieille Garde. Ces escadrons exécutèrent plusieurs charges impétueuses dans la direction de la ferme de Heurtebise pour contribuer au mouvement enveloppant de l'aile gauche française. Jus-

1. Mortier (Edouard-Adolphe-Casimir-Joseph), 1768-1835, duc de Trévise, Maréchal de France, Ambassadeur en Russie, Ministre de la Guerre sous Louis-Philippe, fut blessé mortellement par la machine infernale de Fieschi.

qu'à la fin de la journée, la cavalerie russe fit des efforts désespérés pour l'en empêcher; repoussée par les chasseurs et les grenadiers à cheval, elle s'était reformée derrière son infanterie, et revenait de nouveau à l'attaque, lorsque la division Exelmans qui s'avançait par échelons en travers des pentes du plateau, changea de front à droite, apparut à l'improviste sur le sommet, et chargeant une dernière fois la cavalerie russe, la rejeta sur son infanterie déjà en retraite, et décida ainsi, de ce côté, du gain de la bataille.

Napoléon livra ensuite la bataille de Laon (9 et 10 mars 1814) et rentra dans Soissons. Le 13, Exelmans, à la tête de sa division et des chevau-légers polonais du comte Krasinsthi, refoula sur Reims les troupes ennemies qui se retiraient vers Berry-au-Bac, les mit en pleine déroute, et contribua puissamment à la reprise de Reims, où l'Empereur entra le soir même avec l'armée française.

Tandis que Mortier et Marmont [1] restaient

1. Marmont (Auguste-Frédéric-Louis Viesse de) duc de

sur l'Aisne pour contenir Blücher, Napoléon vola au secours des maréchaux Oudinot et Macdonald. Le premier avait été contraint le 27 février par les 50.000 hommes de Wrède et de Wittgenstein de se replier de Bar-sur-Aube sur Troyes. Le second avait dû au même moment abandonner la Ferté-sur-Aube, et se retirer à Bar-sur-Seine. Le 4 mars, ces deux maréchaux réunis à Troyes furent obligés d'abandonner cette ville et de se replier sur Nogent-sur-Seine, où ils restèrent quelques jours en observation et se retirèrent ensuite sur Provins.

Parti le 17 de Reims, Napoléon arriva le soir à Epernay et le lendemain à la Fère-Champenoise. Il voulait prendre par le flanc la longue colonne de Schwarzenberg qui se dirigeait vers Paris, et dont l'avant-garde s'était avancée jusqu'à Provins. Chemin faisant, la cavalerie de la Garde rencontra les cosaques de Kaiserow, les tailla en pièces et les rejeta sur la Seine. Informé de l'approche de Napoléon, le

Raguse, Maréchal de France, mort en exil à Venise. On a publié les « Mémoires du duc de Raguse » en 1856.

généralissime autrichien prit des mesures pour concentrer ses troupes à Troyes, et de là se retirer au besoin sur Bar-sur-Aube; Wrède se mit en retraite sur Arcis et Barclay de Tolly avec les réserves se porta entre Troyes et Brienne.

Cependant l'Empereur s'était avancé rapidement avec sa cavalerie jusqu'à Plancy dont il passa le pont sans hésiter avec la cavalerie de sa Garde, et laissant le général Sébastiani avec les divisions Colbert et Exelmans sur sa gauche pour l'éclairer du côté d'Arcis, il courut au pont de Méry sur la Seine avec le général Letort. Le pont était occupé; Napoléon passa le fleuve à gué un peu plus loin, sabra l'arrière-garde du prince de Wurtemberg et s'empara de l'équipage de pont de l'armée de Bohême. Puis il laissa Letort à la poursuite de l'ennemi, et arriva le soir à Plancy.

Il avait donné rendez-vous à Arcis pour le lendemain aux maréchaux Oudinot et Macdonald ainsi qu'au général Gérard. Ils s'y trouvèrent *effectivement après avoir passé par Provins, Villeneuve, Anglure, Plancy* ainsi que

Ney qui arriva avec la jeune Garde et Friant[1] avec la vieille Garde, venus de Reims qu'ils avaient quitté le 15.

Le lendemain, 20 mars, la division Exelmans rencontra la cavalerie Russe et les Autrichiens. La cavalerie de la Garde, sous les ordres du général Sébastiani, remonta la rivière jusqu'au-dessus d'Arcis-sur-Aube. Là, le général Exelmans ayant reconnu un corps d'environ 10.000 chevaux placés près du village de Mesnil-la-Côte, fit avertir de leur présence, l'Empereur qui venait d'arriver à Couy, au château de M. Mégrini. En arrivant sur le terrain, Napoléon trouva Exelmans aux prises avec la cavalerie russe; il avait été débordé par elle et obligé de se rapprocher de la ville. L'Empereur qui en sortait au moment où des dragons de la division Exelmans y rentraient par ordre du maréchal Ney, les renvoya au combat, et la canonnade continua de part et d'autre. Une heure avant la nuit, Exelmans reçut de l'Empereur l'ordre de reprendre les

1. Friant (Louis), 1758-1829, Général Comte d'Empire, commanda les Grenadiers de la Garde à Waterloo.

hauteurs qui dominaient nos troupes et où l'ennemi avait trente bouches à feu. Pour exécuter cet ordre, il fit avancer vers la gauche deux colonnes à la faveur de quelques plis de terrain, pendant que le général Edouard Colbert cherchait à occuper le plateau avec la cavalerie légère, et que le maréchal Lefebvre [1], avec le général Sébastiani, chassait de Torcy, les Bavarois commandés par Wrède.

Exelmans fit attaquer le plateau par sa colonne de gauche composée de lanciers polonais et soutenue par une seconde ligne; il se heurta à quelques bataillons Bavarois qui abandonnèrent le champ de bataille après une charge de deux escadrons de la seconde ligne. Il passa la nuit au village de La Villette, sans feu, sans pain, sans fourrage et sans eau.

Le 21 mars, il retourna prendre les positions que le général Colbert avait occupées pendant la nuit avec quelques bataillons de la garde. L'Empereur vint alors reconnaître

1. Lefebvre (François-Joseph), 1756-1820, duc de Dantzig, Maréchal de France, Sénateur. La Restauration le fit entrer à la Chambre des Pairs.

l'ennemi qui était à une portée de canon, et vers onze heures, ordonna l'attaque par le centre.

Chargé de cette mission, le général Exelmans marcha aussitôt à l'ennemi ; mais ayant rencontré le maréchal Ney, il lui fit observer que depuis une heure l'ennemi avait reçu des renforts considérables. Le maréchal lui donna l'ordre de s'arrêter et alla prévenir l'Empereur. Napoléon fut très surpris. Depuis neuf heures du matin, les forces de l'ennemi s'étaient considérablement accrues. Napoléon les estima à 100000 hommes et 370 bouches à feu environ. Il ordonna en conséquence la retraite à midi ; le mouvement fut d'abord exécuté par la garde à pied.

Le général Exelmans alla se placer plus à droite en avant du village de La Villette, qu'occupait le maréchal Ney, dont l'infanterie passa l'Aube sur un pont léger construit à cet effet.

Le général Exelmans était à une portée de canon en avant du pont, lorsqu'à trois heures, l'ennemi lança sa cavalerie contre la brigade de dragons qui était seule; les lanciers polonais étaient restés avec le général Sébastiani en avant d'Arcis. Exelmans commença son mouvement vers le pont qu'il croyait pouvoir passer en 20 ou 25 minutes, mais le général Sébastiani étant revenu avec les lanciers, profita le premier de cet avantage. Ainsi prévenu, Exelmans fut obligé de jeter sur la ligne de cavalerie ennemie 300 dragons en tirailleurs afin de l'arrêter un instant.

Dans ces charges, *toutes* individuelles, exécutées avec une sorte de fureur, 50 dragons trouvèrent une mort glorieuse, et c'est à leur héroïsme que le général dut en grande partie de pouvoir faire repasser ses troupes sur l'autre rive, malgré une batterie de 20 pièces de canon placée sur un tertre dominant de 30 à 40 mètres la rive droite de l'Aube.

Il n'avait d'ailleurs avec lui qu'une demi-batterie et trois compagnies de sapeurs de la garde qui avaient consenti à le soutenir, pendant que s'effectuerait le passage.

Lorsque sa division se fut éloignée du pont d'une portée de canon, il ordonna qu'on y mît le feu, qu'on le mitraillât et le coulât, recommandant expressément d'y apporter les soins les plus minutieux, afin que l'ennemi, trompé par l'importance qu'on mettait à cette opération, restât persuadé qu'il n'y avait pas d'autre pont. Il existait cependant un passage à une portée de fusil du village, passage que le général Exelmans connaissait fort bien, mais il était convaincu qu'aucun habitant de La Villette ne voudrait l'indiquer à l'ennemi. Cette ruse eut un plein succès; l'ennemi s'acharna à vouloir passer ce pont, ce qu'il n'aurait certainement pas tenté s'il eût connu le gué par lequel il pouvait, dans la nuit, venir se placer en arrière de cette ville et réduire le maréchal à capituler; l'Empereur était déjà, en effet, en marche vers Vitry avec le reste de l'armée, la garde en tête.

La division du général Exelmans et celle du général Colbert formaient l'arrière-garde du corps du maréchal Macdonald. Les alliés passèrent l'Aube vers Ramerupt, et le roi de Wurtemberg marcha parallèlement à ces divisions vers la Marne.

Celles-ci arrivèrent le soir près du village de Frignicourt où elles traversèrent la rivière, et comme le général Gérard y avait devancé l'ennemi de quelques minutes, elles n'eurent point à disputer ce passage. D'ailleurs il n'aurait pu s'accomplir sans de grandes pertes, bien que le duc de Tarente eût attendu près de là le roi de Wurtemberg, et l'eût accueilli de manière à lui ôter l'envie de le suivre d'aussi près.

Dans la nuit qui précéda cette marche, le convoi de réserve d'artillerie de Macdonald marchant sans escorte fut attaqué et enlevé ; un courrier de l'Empereur fut pris avec des lettres pour l'Impératrice en même temps que le convoi.

Le passage de la Marne effectué, nos troupes marchèrent sur Vitry et de là, sur Saint-Dizier. De ce point, l'Empereur opéra sa retraite sur Vassy, mais le lendemain il revint sur ses pas, espérant surprendre les alliés qui le poursuivaient, et les forcer à combattre dans une très mauvaise position entre la Marne et la forêt de Trois-Fontaines.

Malheureusement, il n'eut affaire qu'à un

corps considérable de cavalerie et à 4 ou 5.000 hommes d'infanterie sous les ordres du comte de Wintzintgerode[1].

Cette cavalerie fut renversée et poussée l'épée dans les reins jusqu'au-delà de Saint-Dizier par les dragons et la division de la Garde sous les ordres du général Exelmans. Les dragons culbutèrent l'ennemi au défilé de Saudrupt et firent preuve d'une rare intrépidité.

L'Empereur apprit le lendemain près de Vitry, que les alliés marchaient directement sur Paris; mais n'ayant pu repasser la Marne débordée devant cette place où était entrée une brigade d'infanterie russe, il se décida à revenir par Vassy. Les troupes marchèrent sans interruption jusqu'à Fontainebleau où elles apprirent la capitulation de Paris et ensuite l'abdication.

1. Général Thoumas 13-61.

IX

Louis XVIII. — Disgrâce d'Exelmans. — Sa lutte contre le Ministre de la Guerre. — Conseil de guerre.

Ce n'est pas ici le lieu de refaire l'histoire des événements d'Essonnes et de Fontainebleau. L'Empire était tombé ; le Sénat adopta une Constitution nouvelle et appela au trône Louis-Stanislas-Xavier frère puîné de Louis XVI et chef de la Maison des Bourbons.

Louis XVIII conserva d'abord dans son grade le général Exelmans nommé Inspecteur général de cavalerie et chevalier de Saint-Louis.

Tout à coup le 12 novembre 1814, Exelmans reçut l'ordre de cesser ses fonctions d'inspecteur général. Murat régnait alors à Naples et Exelmans était toujours resté fidèle à celui qui n'avait cessé de le combler de ses bienfaits. Le 26 novembre, le docteur Andral, médecin de la cour de Naples, passant à Paris, fut chargé par Exelmans de remettre une lettre personnelle à Murat. Sa lettre fut saisie à

Villejuif, le 27 novembre, dans les papiers de lord Oxford, grand admirateur de Napoléon et de Murat, à qui Andral l'avait confiée. Bien qu'Exelmans n'écrivît cette lettre, très correcte d'ailleurs, que pour se rappeler au souvenir de son ancien chef, le remercier de ses bontés et le féliciter de ce que la plupart des souverains avaient reconnu la légitimité de son titre de roi de Naples, Louis XVIII fit avertir Exelmans par le ministre de la guerre Dupont d'avoir à se montrer à l'avenir plus circonspect (*Rapport fait à la Chambre des députés*). L'affaire en était restée là, lorsque Soult arriva au ministère et déploya un zèle ultra-royaliste pour gagner la faveur du Roi. Il fit mander Exelmans et le réprimanda durement d'avoir écrit sa lettre à Murat. Il lui reprocha en outre d'avoir propagé le bruit d'un complot royaliste contre la vie d'une vingtaine de généraux de l'Empire.

« — J'ai correspondu non pas avec Na-

1. Soult (1769-1852) duc de Dalmatie, Maréchal de France, deux fois Ministre de la Guerre et Président du Conseil sous Louis-Philippe.

poléon, mais avec Murat, répondit Exelmans. Le roi de Naples est mon bienfaiteur; je ne puis être indifférent à ses succès ni à ses revers. Quant aux chouans que j'ai dénoncés, le fait est vrai, mais je suis sur mes gardes. » Puis, s'animant, il montra deux pistolets qu'il portait sous son uniforme et dit : « Je m'en servirai même dans votre antichambre si j'y suis forcé. »

Trois jours plus tard, le 10 décembre Exelmans reçut une lettre de Soult qui lui signifiait de se rendre sur-le-champ à Bar-sur-Ornain, lieu de sa naissance, où il jouirait du traitement de demi-activité. Exelmans écrivit au ministre, lui exposant que l'état de santé de sa femme ne lui permettait pas de la quitter; qu'il priait le roi de lui accorder un délai jusqu'au moment où la Comtesse serait hors de danger; qu'il devait du reste faire observer qu'il ne possédait rien nulle part, que depuis vingt ans il n'avait d'autre domicile que Paris, où il s'était marié en 1808 et qu'il lui était dès lors fort douloureux de se voir ainsi arraché à sa famille et à ses affections après de longues années d'un service toujours pénible, jamais lucratif.

Cette réponse irrita doublement le Maréchal ; les mots qui la terminaient établissaient un rapprochement qui dut le blesser. Simples soldats tous deux à leur début, ils étaient parvenus aux plus hauts grades de l'armée, mais avec des résultats différents : l'un était devenu plusieurs fois millionnaire et l'autre, resté pauvre, attestait à deux reprises sa noble probité.

En second lieu, le duc de Dalmatie avait ordonné et l'on n'obéissait pas. Il commanda au général Maison, gouverneur de la division, et au Directeur général de la police de contraindre Exelmans à quitter Paris. Exelmans, mieux éclairé sur sa position et sur ses droits, répondit par écrit au général Maison qu'il ne partirait pas. Sa lettre, datée du 14, arriva le 18 aux mains du Maréchal, qui lui fit enjoindre de nouveau l'ordre de se rendre à Bar-sur-Ornain. Exelmans persista à rester. Le 19, le Ministre écrivit pour la troisième fois au gouverneur Maison, que le général fût arrêté et conduit à Soissons, pour y rester sous la surveillance de la gendarmerie jusqu'à ce que des ordres fussent donnés pour sa mise en jugement. Le lendemain 20 décembre, à trois heures du matin, un piquet d'infanterie et de cavalerie se présenta au domicile [1] du général pour l'arrêter, menaçant d'enfoncer les portes si on refusait de les ouvrir. Non seulement les portes restèrent fermées, mais le général annonça, qu'en cas de violence, il ferait feu sur le premier qui oserait se présenter. Les soldats se retirèrent. A midi, le général Grundler parut à son tour à la tête d'un détachement de gendarmes. Exelmans reçut l'envoyé du Ministre dans son cabinet ; il était en uniforme et avait l'épée au côté. Il déclara au général Grundler qu'il tuerait le premier qui oserait mettre la main sur lui, et passant la tête haute devant les gendarmes et leur chef, il sortit de sa demeure, sans que personne osât l'arrêter. Le général alla se réfugier chez un de ses amis,

1. Ancien hôtel Duras, rue Faubourg-Saint-Honoré, presque en face de l'Élysée où à son retour de Naples, fin 1812, il avait fixé sa résidence.

pour prendre quelques conseils et se concerter avec son beau-frère, le baron de Ravignan, capitaine aux hussards du Roi, alors en garnison à Paris. Il fut décidé que le général quitterait Paris et irait attendre à Laon la décision du Roi, qui le renverrait sans doute devant la juridiction militaire compétente. Mais bientôt inquiet de Madame Exelmans qu'il avait laissée en mal d'enfant, il rentra chez lui pour la rassurer et la soutenir. Elle venait d'accoucher péniblement et était en proie à une fièvre ardente.

A quelques heures de là, son domicile était envahi par l'adjudant général Laborde, qui visitait toutes les chambres, fouillait toutes les lettres et décachetait même plusieurs plis adressés au frère de la comtesse Exelmans, le baron de Ravignan. Celui-ci, au premier bruit de l'invasion de l'hôtel par la police, avait fait partir son beau-frère par le jardin, dont une petite porte donnait sur une rue étroite qu'on avait oublié de garder : un fiacre attendait ; pour n'être pas reconnu, le général avait revêtu une longue redingote; il se rendit chez un serviteur dévoué d'où il partit le lendemain avec le capitaine de Ravignan. Ce dernier, bientôt rentré dans l'hôtel, avait trouvé l'appartement de sa sœur cerné : on voulait pénétrer dans sa chambre, faire une perquisition sous le lit où on croyait découvrir le général caché. Sans songer qu'il risquait son grade ou sa liberté, le vaillant officier indigné défendit la porte de sa sœur mourante et il répondit fièrement à l'adjudant Laborde qui s'était associé aux violences et aux excès de la Révolution : « Il vous sied bien d'être le plat valet des Bourbons, vous qui avez fait cause commune avec leurs bourreaux. »

Ne trouvant rien enfin, la police vida l'hôtel. La pauvre petite fille nouvellement née mourut bientôt de la fièvre que lui avait donnée sa mère.

Mme Exelmans se plaignit de ces violences à la Chambre des Députés et raconta dans sa pétition que bien qu'elle fût sur le point d'accoucher, on avait refusé l'entrée de l'appartement à son médecin, et que, durant toute une nuit, son antichambre était restée encombrée de soldats, tandis que d'autres détachements de troupes remplissaient la cour et entouraient la maison et le jardin. Le jour même où cette plainte était déposée, on remettait sur le bureau du Président une protestation dans laquelle le Général disait que ne sachant point s'il ne serait pas enlevé pendant la nuit, il plaçait sa famille sous la sauvegarde de la Chambre.

Profitant d'un moment d'accalmie, Exelmans brûlait le pavé dans un cabriolet de poste, et prenait la route du Nord, accompagné de son beau-frère qui l'avait rejoint dans la nuit après que la police eut abandonné l'hôtel Duras. Le Général voulait être en mesure de se constituer prisonnier si, réclamant la réunion d'un conseil de guerre et le jugement de ses pairs, il était traduit devant la juridiction militaire. A Laon il s'arrêta chez le général baron Freissinet son ami, et le baron de Ravignan revint à Paris suivre les événements.

Le rapport des deux pétitions eut lieu le 24. Le rapporteur, après avoir énuméré les faits analysés plus haut et toutes les pièces à l'appui, conclut à l'ordre du jour sur la protestation du général Exelmans et au renvoi de la plainte de la Comtesse au Gouvernement. La proposition était fondée sur cette considération que la mise en demi-activité du général le laissait sous le régime des lois militaires; que son renvoi devant un conseil de guerre pour un délit quelconque était dans les attributions du Ministre et qu'il fallait dès lors laisser à cette justice exceptionnelle le soin de prononcer entre l'accusation et l'accusé. La discussion qui suivit la lecture du rapport ne sortit pas de ce cercle, les conclusions de la commission furent adoptées ; le public se passionna davantage, il prit parti pour le général Exelmans et ne vit dans les premiers ordres du Maréchal Soult qu'une tentative maladroite et brutale du rétablissement des lettres de cachet. Une ordonnance royale du 29 décembre renvoya le Général Exelmans devant le conseil de guerre de la 16e division militaire à Lille, comme accusé :

1° d'avoir entretenu des correspondances avec l'ennemi, Joachim Murat n'ayant pas été reconnu roi par le Gouvernement français ;

2° d'avoir commis un acte d'espionnage en écrivant à Naples que des milliers de soldats et d'officiers français instruits à l'école et sous les yeux de Murat seraient accourus à sa voix, si les choses n'avaient pas pris pour lui une tournure favorable au congrès de Vienne ;

3° d'avoir écrit des choses offensantes pour la personne et la puissance du roi ;

4° d'avoir désobéi aux ordres donnés par le Ministre de la Guerre ;

5° enfin d'avoir violé le serment comme Chevalier de Saint-Louis.

Le Général Exelmans se constitua prisonnier à la citadelle de Lille le 14 janvier 1815 et comparut le 23 devant le conseil de guerre. Interrogé sur ces cinq chefs d'accusation, il répondit : sur le premier, qu'il n'avait pu correspondre avec l'ennemi puisque la France était en paix avec Naples ; sur le second, que l'espionnage était une accusation à laquelle un homme tel que lui ne répondait pas ; sur le troisième, qu'il défiait que l'on pût trouver dans ses lettres une seule parole offensante pour le roi ; sur le quatrième, qu'il n'avait pas refusé d'obéir aux ordres légaux du Ministre, mais à un ordre d'exil, et sur le cinquième, qu'il ignorait en quoi pouvait consister ce prétendu délit.

Le conseil prononça l'acquittement à l'unanimité des voix. Il était présidé par le général Drouet, comte d'Erlon.

Exelmans revint alors à Paris et écrivit au roi pour le remercier de lui avoir donné des juges. On s'était attendu à la cour à le voir condamner à mort et fusillé. Son acquittement causa un désappointement que le maréchal Soult ne lui pardonna jamais. Ce fut la principale des causes qui firent qu'Exelmans ne reçut plus tard aucun emploi pendant le règne de Louis-Philippe.

X

Retour de l'Empereur. — Arrivée à Paris. — Fuite de Louis XVIII. — Campagne de 1815.

Les fautes des Bourbons exaspéraient l'opinion publique. De toutes parts on conspirait contre la Restauration. On a prétendu que le 20 mars 1815 le général Exelmans était allé à Saint-Denis soulever contre les Bourbons les officiers en demi-solde réunis dans cette ville pour faire partie de l'armée du duc de Berry, et qu'il s'était mis à leur tête pour marcher sur les Tuileries. Le fait est inexact et a été démenti par Exelmans lui-même. La vérité est que lorsqu'Exelmans apprit que Napoléon avait quitté l'île d'Elbe et qu'il venait de débarquer au golfe Juan (1er mars 1815), sur la plage de Cannes, il dirigea le mouvement des officiers en demi-solde et se trouva à leur tête lorsque Napoléon arriva dans la cour des Tuileries.

Le 21 mars, l'Empereur chargea Exelmans de poursuivre, avec quelques escadrons de ca-

5

valerie, les princes de la famille royale qui cherchaient à gagner la frontière par Beauvais, Béthune et Lille. On doit dire ici, à l'éloge du général Exelmans, que loin de saisir cette occasion pour exercer des représailles contre ceux qui l'avaient si souvent maltraité dans son honneur et sa liberté, il remplit sa mission avec une extrême modération et hâta la fuite des princes en menaçant constamment leur arrière-garde, sans jamais s'engager avec elle.

La conduite d'Exelmans pendant la campagne de France et les persécutions dont il avait été l'objet de la part des Bourbons devinrent pour lui une cause de faveur près de Napoléon. Le 31 mars, il fut nommé au commandement en chef du 2e corps de cavalerie de l'armée du Nord. Il avait sous ses ordres cinq divisions de cavalerie et une d'infanterie, commandées par les généraux Chastel, Strolz, Piré, Dorson, Wallin et Teste. Le 2 juin, il était nommé pair de France, et le 5 juin, il prenait effectivement le commandement du 2e corps de cavalerie de l'armée de Belgique.

Le premier soin de Napoléon après son retour de l'île d'Elbe fut de négocier le maintien de la paix tout en préparant la guerre. Résolu à prendre l'offensive quand il vit que les négociations entamées n'étaient pas couronnées de succès, il réunit vers la Sambre une armée de 124.000 hommes divisée en cinq corps (la garde non comprise). Ces cinq corps étaient sous les ordres des généraux Drouet d'Erlon [1], Reille [2], Vandamne [3], Gérard, Lobau [4]. Soult remplissait les fonctions de major général. Mortier devait commander la garde et Grouchy [5] la cavalerie. Celle-ci fut elle-même divi-

1. Drouet d'Erlon (Jean-Baptiste), 1765-1844. Comte d'Empire, gouverneur de l'Algérie en 1834 et maréchal de France en 1843.

2. Reille (1775-1860). Comte d'Empire, maréchal de France en 1847.

3. Vandamne (Dominique-René), 1770-1830. Comte d'Unebourg, général de division, décédé à Cassel, sa ville natale.

4. Lobau (Mouton), 1770-1838. Comte d'Empire. Proscrit par la Restauration, il rentra en France en 1818, fut nommé maréchal de France en 1831 et pair de France en 1833.

5. Grouchy (Emmanuel, marquis de), 1768-1847. Maréchal de France. Fut forcé de s'exiler à la Restauration et se retira à Philadelphie; rentra en France en 1821. Publia divers écrits pour repousser les accusations que son inaction en 1815 lui avait attirées.

sée en trois corps, dont le 2e fut mis sous les ordres du général Exelmans.

Le 16, les hostilités commencèrent. Grouchy, avec les dragons d'Exelmans, débusqua de Fleurus un corps d'alliés et arriva, vers onze heures du matin, entre Ligny et Saint-Amand où l'armée ennemie était rangée en bataille.

Pendant les préparatifs du combat, Grouchy monta sur les degrés d'un moulin pour observer l'ennemi, il y trouva le maréchal Soult et se mit à causer avec lui. Au bout de quelques minutes il fit appeler Exelmans.

— Ici se présente un incident qui fait trop honneur au caractère du général Exelmans pour que nous le passions sous silence. Nous le reproduisons d'après les notes écrites par Exelmans lui-même.

« C'était la première fois qu'Exelmans revoyait Soult depuis que celui-ci s'était chargé, lorsqu'il était ministre sous la première Restauration, du rôle odieux de persécuteur du général.

En effet, Soult n'avait jamais voulu entendre

les justes réclamations du général et avait ordonné toutes les mesures vexatoires dont il fut l'objet jusqu'à son procès, qui, ainsi que nous l'avons vu fut jugé par le conseil de guerre de Lille. Soult feignit tout d'abord de ne pas voir Exelmans et de s'absorber dans ses observations topographiques. On conçoit qu'il devait être gêné en présence d'un homme resté fidèle au chef malheureux. Sentant cependant qu'il ne pouvait prolonger cette scène : « Bonjour, comment ça va ? » lui demanda-t-il, en levant la tête du côté du général et lui tendant la main. Exelmans hésita ; mais naturellement porté à l'indulgence et pensant à la présence de l'ennemi, il serra la main du maréchal.

Quelques minutes après, l'Empereur arrivait et montait à son tour les degrés du moulin à vent. Apercevant le général Gérard, il lui dit en riant : « Ah ! vous voilà, badaud. Eh bien ! votre tête m'appartient. Vous ne savez donc pas qu'entre les bleus et les blancs, c'est à la mort. » Il faisait allusion au général Bourmont, dont le général Gérard lui avait répondu sur sa tête, et qui était passé à l'ennemi avec son chef d'Etat-Major et son aide de camp et s'était rendu auprès de Blücher qui, tout ennemi qu'il fût de Napoléon, l'avait reçu avec toute l'indignation d'un patriote.

Au même moment, Napoléon apprenait que Ney avait ralenti son mouvement sur les Quatre-Bras d'après un faux avis qu'il avait reçu, lui annonçant que les armées ennemies avaient opéré leur jonction.

L'Empereur lui fit réitérer l'ordre de pousser vivement sur ce point, de s'y établir solidement en s'éclairant sur les trois routes et de détacher une bonne division d'infanterie avec la cavalerie légère de la garde sur Marbois afin de prêter la main à Grouchy, qui avec l'aile droite allait s'emparer de Sombref.

Sur le front des Prussiens de Blücher coulait le ruisseau de Ligny; leur gauche s'étendait entre Sombref et Tongrines, leur centre était à Ligny et leur droite derrière Saint-Amand.

A deux heures, l'Empereur fit avertir Ney que l'armée prussienne postée entre Bry et

Sombref serait attaquée à deux heures et demie par Grouchy, et qu'il devrait alors pousser vigoureusement tout ce qui était devant lui et se rabattre à l'est vers Grouchy pour concourir à envelopper l'armée prussienne.

L'attaque commença à l'heure dite : Vandamne commandait la gauche, Gérard le centre ; Grouchy avec sa cavalerie se déploya à droite pour contenir la gauche des Prussiens qui venait d'être renforcée par le corps entier de Thielmann.

On combattit avec un acharnement furieux. Exelmans avec le 2e corps de cavalerie était à l'extrême droite au sud-est de Sombref en face de Tongrines. L'Empereur lui envoya immédiatement l'ordre de se maintenir jusqu'à la dernière extrémité sur ce point, sans perdre de terrain ni chercher à en gagner, l'avertissant que son corps allait servir de pivot, tandis que la gauche avancerait sur Bry pour déborder la droite des Prussiens qui s'y appuyait.

Le 2e corps de cavalerie dut supporter toute la journée sur un plateau entièrement découvert le feu d'une artillerie de 35 pièces. Exelmans n'en avait que 12 pour leur répondre, mais elles étaient commandées par un vaillant officier, le colonel Husson, qui fit merveille.

Vers 5 heures, 8 ou 10 bataillons prussiens s'avancèrent à une portée de canon de la droite du 2e corps pour tenter en deux points le passage du ravin et de la rivière qui les séparaient de lui.

Exelmans se dirigea aussitôt sur les plus rapprochés avec une division et une batterie; mais l'ennemi, dont deux bataillons avaient déjà passé la rivière, se retira pour se diriger vers Sombref. Exelmans se porta sur Tongrines, pour défendre sur ce point le passage du ravin. Mais le général Hulot, du corps de Gérard, y avait déjà arrêté l'ennemi en passant lui-même la rivière à la tête de sa brigade (infanterie).

XI

Waterloo. — Exelmans et Grouchy. — Les alliés en France. Rocquencourt.

Le soleil venait de se coucher lorsque Exelmans aperçut une colonne de cavalerie qui se formait en face de lui sur une hauteur, au sud de Saint-Fiacre. Il prit aussitôt ses dispositions, et lorsque cette colonne se présenta, elle fut reçue par la mitraille de trois pièces placées sur la route, en même temps que le reste de l'artillerie se mettait en batterie à 200 mètres en arrière. Au même instant, le 5e dragons, placé dans un pli de terrain pour la soutenir, était déployé au trot et enlevé au galop au commandement d'Exelmans. La colonne prussienne fut culbutée ; 5 pièces prises furent aussitôt chargées et dirigées contre ses débris. Un escadron, sous les ordres du commandant Letellier, entraîné par l'ardeur de la lutte, passa le pont et poursuivit les Prussiens jusque sur la hauteur. Thielmann, craignant que le 2e corps tout entier passât la rivière, fit avancer ses troupes jusque sur la route de Fleurus à Namur. Forcé de se retirer, le commandant Letellier perdit seulement quelques dragons. La victoire restait à l'armée française. A 7 heures du soir, ne recevant rien de Ney, l'Empereur avait lancé sa garde par Ligny, enfoncé le centre prussien qui fut rejeté d'une part sur Sombref et de l'autre sur Bry.

Le général Jomini retrace ainsi qu'il suit la coopération d'Exelmans : « A l'extrême droite, « Exelmans manœuvrait habilement pour em- « pêcher la gauche des Prussiens de débou- « cher de Tongrines, tandis que Pajol observait « Boignée et que les cuirassiers de Milhaut « soutenaient la droite de Gérard [1]. »

Le même écrivain fait observer que la cavalerie de Grouchy, placée à la droite vers Boignée, avait paralysé les 25000 hommes de Thielmann laissés entre Tongrines et Potriaux parce que sans leur présence l'occupation de la route de Namur aurait coupé le

1. Pièces politiques et militaires de la Campagne de 1815.

corps de Bulow de l'armée prussienne, et celle-ci de sa ligne naturelle d'opération.

Ney avait essuyé un échec aux Quatre-Bras et avait dû se replier sur Frasnes; il avait devant lui Wellington.

Cette journée cependant était dans son ensemble un succès pour l'armée française, puisqu'elle avait non seulement empêché la jonction de l'armée anglaise et de l'armée prussienne, mais encore séparé celle-ci de la première en la rejetant vers le nord et l'est ; et l'on peut dire que le général Exelmans s'était parfaitement acquitté de la mission que l'Empereur lui avait confiée.

Le 17 au matin, Napoléon ordonna à la cavalerie de suivre les Prussiens sur la route de Namur, en même temps qu'Exelmans éclairait la direction de Gembloux. Quant à l'Empereur, il partit entre 10 et 11 heures du matin avec sa réserve pour rejoindre Ney après avoir donné l'ordre verbal à Grouchy (*Mémorial de Sainte-Hélène)* « de suivre les Prussiens « sans les perdre de vue et de se tenir cons- « tamment entre leur armée et la route de

« Bruxelles qu'il allait prendre », c'est-à-dire de manière que les deux masses françaises fussent toujours prêtes à se porter au secours l'une de l'autre, en même temps qu'elles tendraient à écarter de plus en plus les Prussiens des Anglais. C'était l'emploi des lignes intérieures; cependant, suivant Jomini, « il eût « fallu compléter cet ordre en assignant posi- « tivement à Grouchy la ligne à suivre, c'est- « à-dire le diriger vers Mont-Saint-Guibert et « Moustiers dès le 17 au matin, car la vallée « de la Dyle était la ligne la plus favorable « pour couvrir le flanc droit de Napoléon. « Grouchy aurait pu passer cette rivière à « Moustiers; de là, il eût été facile de l'ap- « peler à Waterloo pour prendre part à la « bataille ou de le faire marcher sur Wavres « par la rive gauche en se flanquant du côté « de la Chapelle-Saint-Lambert, par les dragons « d'Exelmans et une division d'infanterie. »

Au lieu de comprendre ainsi l'ordre reçu, Grouchy[1] plaça les deux divisions de Valin et de

1. Voir la note page 75.

Soult sous les ordres de Pajol, sur la route de Namur, et Exelmans, avec le 2e corps de cavalerie, dut se diriger à 6 heures du matin sur Gembloux. Il y trouva les deux corps de Thielmann et de Bulow dans une position trop forte pour qu'il pût les entamer, et il envoya un de ses aides de camp au maréchal Grouchy pour l'informer de leur présence. Le soir, continuant leur retraite, ces deux corps se mirent en marche, l'un sur Wavres et Louvain, l'autre sur Maëstricht. Malgré la nuit et un temps affreux, Exelmans mit une brigade à la poursuite du premier vers Sart-à-Wallain et dirigea contre l'autre, vers Perwez, le général Bonnemains, avec sa brigade de dragons et une demi-batterie, lui donnant l'ordre d'attaquer, afin que lui-même avec le reste du 2e corps pût se porter au canon.

Le colonel Chaillot avait reconnu la route de Liège et fait avertir, le soir, le général Exelmans, qu'il ne s'était retiré par là que des équipages avec environ 1.500 fuyards, et que suivant ses instructions, il ne les suivrait pas et rejoindrait le lendemain 18, le 2e corps.

Exelmans en informa le maréchal lorsqu'il arriva à Gembloux en le prévenant que le 18 il partirait de bonne heure pour joindre les Prussiens. Dans la nuit, il lui fit parvenir une dépêche du général Bonnemains annonçant la présence de la cavalerie prussienne à Ersnage à une lieue, tout au plus au Nord-Ouest de Gembloux. Exelmans enleva en outre aux Prussiens un parc de 400 bêtes à cornes.

Grouchy semblant oublier qu'il avait sur sa gauche une armée française prête à en venir aux mains avec une armée Anglo-Belge et n'envisageant pas sans doute la possibilité de la jonction de Blücher et de Wellington, résolut de se diriger sur Wavres avec le corps de Vandamne que Gérard suivrait avec le sien à quelques heures d'intervalle.

Le 18, Grouchy ne donna qu'après 7 heures du matin, l'ordre du départ. Suivant les instructions qu'il avait reçues, Exelmans se mit en route vers 7 h. 1/2, mais n'ayant pas de cavalerie légère, ce ne fut qu'à 9 heures qu'il retrouva l'arrière-garde de Thielmann sur la route de Wavres, à la hauteur de Moustier, et presque en même temps un convoi escorté de deux ou trois mille hommes, près du Cabaret à Tout Vent, qui semblaient se diriger sur Louvain.

Mais ne pouvant se résoudre à comprendre comment Grouchy interprétait les ordres de l'Empereur, il s'inquiéta peu de cette dernière direction et porta toute son attention sur la Dyle. Il disposa ses troupes, la gauche, contre un petit ravin boisé à l'Est et près de la ferme de la Plaquerie; la droite, vers le Neufour. Pendant que les éclaireurs tiraillaient avec ceux de l'ennemi, il envoya successivement au maréchal Grouchy deux aides de camp et le chef d'escadron d'Estournel pour l'informer de ce qui se passait et lui dire que l'armée prussienne ne s'était écoulée dans Wavres pendant une partie de la nuit et de la matinée, que pour se rapprocher de Wellington. Une personne des environs, le chevalier de Rossi accompagna un des aides de camp. M. de Rossi avait vu Blücher à Wavres la veille, 17, à 7 heures du soir; il était reparti de Wavres à 7 heures du matin, et annonçait que

Blücher se rapprochait de l'armée anglo-belge. Ils trouvèrent le maréchal à Sart-à-Wallain entre 10 et 11 heures. M. d'Estourmel exprima au maréchal le désir du général Exelmans de passer la Dyle, le maréchal lui fit répondre qu'il allait se rendre auprès de lui et lui donnerait ses ordres.

Exelmans avait si bien deviné les intentions de l'ennemi que vers 11 heures, les généraux prussiens allant de Wavres vers Planchenoit, et s'attendant à être attaqués, s'arrêtaient à la chapelle Saint-Lambert. Ils ne se mirent en marche qu'après avoir été rassurés par Thielmann qui avait été informé de la marche de toute notre aile droite, vers lui, à Wavres.

Le bruit d'une sourde canonnade lointaine mais vive et soutenue, s'entendait de Sart-à-Wallain. Gérard, qui venait de rejoindre le maréchal, lui proposa, à 11 h. 1/2, de marcher au canon sur-le-champ. Grouchy ne fut pas de cet avis, prétextant que la route à suivre était impraticable pour l'artillerie. Peu après, il arriva près d'Exelmans et ordonna au général Vincent dont la brigade se trouvait entre la

Dyle et la route de Wavres, de se porter à l'est de cette route et de rejoindre le 2e corps.

Etonné de ce mouvement, Exelmans crut que c'était l'ennemi qui avait obligé le général Vincent à quitter sa position ; mais apprenant que c'était l'exécution d'un ordre du maréchal, il lui en fit témoigner sa surprise dans un moment où l'on entendait le canon du côté de Waterloo. Grouchy ne tint pas compte de ses observations et prescrivit au 2e corps de pousser vers l'est pour soutenir l'attaque de Wavres par Dion-le-Mont. C'était un refus de passer la Dyle ; de plus, l'exécution de cet ordre contraignant le 2e corps de cavalerie à suivre le corps de Vandamne, mit Exelmans dans l'impossibilité de s'engager et de tirer un seul coup de canon de tout le reste de la journée.

Vandamne attaqua Wavres plusieurs fois en colonnes profondes et plusieurs fois fut repoussé par la mousqueterie des Prussiens et leurs batteries qui dominaient la ville, Exelmans placé derrière ces colonnes fut réduit à l'inaction.

Le maréchal Grouchy, pour expliquer cette inaction dit dans son rapport à l'Empereur qu'il avait été trompé par un rapport erroné qui lui assurait que toute l'armée prussienne était devant lui. Le général Gourgaud rapporte que le maréchal fut vivement pressé par les généraux Gérard et Exelmans,de rejoindre l'armée de Napoléon (campagne de 1815), mais que, responsable d'un mouvement hasardé, il ne voulait rien donner à l'imprévu.

Nous reproduisons à ce sujet, mais sous toutes réserves, une anecdote inédite empruntée à la VIIIe lettre d'un bénédictin (2e partie) par le baron de Grorestier (Paris, Elie Gouget, rue Cassette, 12, 1862, pages 14 et 15). Nous n'en avons jamais trouvé trace ailleurs; mais en admettant même qu'il y ait de l'exagération dans ce récit, il prouve combien était vive l'irritation des généraux placés sous les ordres de Grouchy, et combien ils blâmaient son inaction, en présence du retentissement effrayant de la canonnade qui faisait trembler la terre sous leurs pieds. (*Précis des batailles de Fleurus et de Waterloo*, par le général Berton). « Pendant que l'on se battait à Water-« loo, le maréchal Grouchy, les généraux « Gérard, Exelmans et plusieurs colonels, « entre autres le colonel de Briqueville, étaient « réunis dans les jardins du notaire de « Wavres ; tous s'étonnaient de l'inaction de « Grouchy et le blâmaient; mais celui-ci n'en « tenait aucun compte et persistait à ne pas « bouger.

« A un moment où il s'était éloigné du « groupe des officiers généraux, le général « Exelmans qui se montrait le plus impatient, « tête vive et ardente d'ailleurs, s'approcha « du général Gérard : « Ecoute, lui dit-il, tu es « le plus ancien général, c'est à toi que revien-« drait le commandement en l'absence de « Grouchy ; t'engages-tu à prendre la direction « du corps d'armée et à rejoindre l'Empereur ? « Je vais trouver Grouchy et lui brûler la cer-« velle ! » — « Y penses-tu ? répondit Gérard, « esprit plus froid que le général Exelmans. « A quoi veux-tu t'exposer ? » — « Je le sais « bien, je passerai au conseil de guerre de-« main, on me fusillera, mais que m'importe !

« Veux-tu oui ou non t'engager à marcher ? »

« Le général Gérard ne pouvait, on le com-
« prend, souscrire à une pareille combinaison.
« Il représenta à Exelmans que le maréchal
« Grouchy avait probablement des ordres
« d'après lesquels il se conduisait ; que bien
« que cette inaction fût inexplicable, cruelle
« même, il fallait attendre, faire son devoir
« jusqu'à la fin, dût-on se brûler la cervelle
« pour ne pas survivre au désastre. Là-dessus
« le général Exelmans s'éloigna furieux en
« disant : « Allons, vous êtes tous des lâches ou
« des traîtres. » (Ceci fut raconté par le colonel de Briqueville à M. le Dr Lespiez.)

A cinq heures du soir, le colonel Zenowitz arriva auprès de Grouchy apportant l'ordre de l'Empereur d'occuper en toute hâte le défilé de Saint-Lambert.

Pajol se porta avec 8.000 hommes sur Limal et Grouchy attaqua avec le reste de ses forces à la nuit tombante. Il déboucha après un combat très vif au-delà de Wavres et du moulin de Bierges.

Quant à Pajol, il ne put passer la Dyle que

très tard, après que l'infanterie du 4e corps l'eut passée près de Limal. Il s'arrêta au village de Bierges où le lendemain matin, 19, le général Exelmans le rejoignit.

Exelmans ayant rencontré Grouchy, qui ne semblait pas inquiet, lui dit : « Je crains bien qu'il ne soit arrivé malheur à l'Empereur ; car sans cela, il nous aurait donné des ordres ou des nouvelles, selon son habitude. »

A onze heures du matin, le même jour, Grouchy reçut la fatale nouvelle du désastre de Waterloo, de la bouche de l'aide de camp du général Gressan, sous-chef d'état-major, que l'Empereur lui avait envoyé. Cet officier, s'adressant à Grouchy, lui dit : « L'Empereur ne sachant pas où vous êtes, ne peut vous donner d'ordres ; il vous fait dire que l'armée est battue et en retraite, et de vous retirer comme vous le pourrez. » Il donna ensuite les détails les plus clairs et les plus circonstanciés sur la défaite.

Le Maréchal demanda aussitôt à Exelmans ce qu'il pensait de la situation. Le général l'engagea à arrêter l'attaque qui se continuait sur la route de Wavres à Bruxelles, et à regagner la Meuse au plus tôt ; car si Wellington faisait ce qu'il devait, il jetterait dès ce jour des troupes dans Namur pour arrêter la marche du corps français.

Exelmans reçut en conséquence l'ordre de se diriger sur Namur. Etant en route et voyant des escadrons ennemis s'efforcer de le prévenir, il fit partir au trot la brigade Bonnemains en lui ordonnant d'entrer dans Namur et de s'y maintenir fortement jusqu'à son arrivée. Bonnemains occupa Namur à 6 heures du soir. Exelmans y arriva à 9 heures avec le reste des deux divisions de dragons.

L'ennemi ne parut devant la ville que le lendemain, poursuivant notre infanterie. Le colonel de Briqueville avec son régiment fut détaché du 2e corps pour la soutenir ; il se comporta avec sa valeur habituelle et reprit à l'ennemi quelques-uns de nos canons.

Le 21, Wellington s'efforça de pénétrer dans Namur. Il perdit plusieurs milliers d'hommes et quelques pièces d'artillerie sans avoir pu s'emparer d'un seul blessé ni d'une seule voiture de bagages.

Exelmans prit une part brillante à ce résultat.

Le 22, Grouchy évacua Namur et vint occuper successivement Dinant, Givet, Reims et Soissons. A Soissons le 28 juin, Grouchy reçut du Gouvernement provisoire l'ordre de prendre le commandement en chef de toute l'armée du Nord et de se rapprocher de Paris. Le même jour, il établit son quartier général à Villers-Cotterets. L'armée française s'étant en effet réunie sous Paris, les Prussiens avaient passé la Seine au Pecq près de Saint-Germain, qu'ils occupèrent et ils se disposèrent à attaquer les Français sur la rive gauche du fleuve, tandis que les Anglais les contiendraient devant Saint-Denis. En conséquence, le lieutenant-colonel de Sohr, avec sa brigade forte de 15.000 chevaux et composée de hussards de Brandebourg et de Poméranie, fut détaché dans la nuit du 30 juin pour éclairer le pays et se jeter sur la route d'Orléans, afin de porter l'alarme sur les communications des

Français. Telle est du moins la version prussienne (Wagner, *Batailles des Prussiens en 1813, 1814 et 1815*).

Le lieutenant-colonel de Sohr occupa d'abord Versailles et s'y trouvait encore le 2 juillet. Ce même jour, le général Exelmans informé de la situation résolut d'enlever cette cavalerie prussienne.

En conséquence, il dirigea le général de Piré avec les 1er et 6e chasseurs et le 44e régiment d'infanterie par Ville-d'Avray sur Rocquencourt (point situé sur la route de Versailles à Saint-Germain) en leur recommandant de s'embusquer pour recevoir l'ennemi quand il repasserait sur ce point. De sa personne, le général Exelmans partant de Montrouge (où il était cantonné) à la tête de 4 régiments de cavalerie, les 5e, 15e et 20e dragons et le 6e hussards[1], se dirigea lui-même vers Velisy dans l'intention de rentrer à Versailles par trois points.

(1) Ces quatre régiments ne comptaient guère ensemble plus de 1.000 chevaux, tandis que les deux régiments de hussards ennemis en avaient plus de 1.500.

Le colonel de Sohr ayant quitté cette ville, sur l'avis qu'il y serait remplacé par l'infanterie du général Thielmann, se dirigeait au grand trot et fort imprudemment sur la route de Montrouge sans se faire éclairer. Tout à coup, sa colonne rencontra celle du général Exelmans à la hauteur du bois de Verrières. Le 5e et le 15e dragons qui étaient en tête chargèrent l'ennemi avec une rare intrépidité. Le 6e hussards et le 20e dragons le prirent en flanc. Les Prussiens culbutés furent rejetés sur Versailles laissant la route couverte de leurs morts et de leurs blessés. Le colonel de Sohr ne recevant aucune nouvelle des troupes qui devaient le soutenir, quoiqu'il fût fort tard, se décida à continuer sa retraite sur Saint-Germain.

Pendant ce temps, le général de Piré exécutait son mouvement sur Rocquencourt avec autant de vigueur que d'intelligence. La colonne prussienne poussée par le général Exelmans, fut reçue par une vive fusillade du 44e régiment et fut chargée par les 1er et 6e chasseurs, tandis que le 6e hussards et le

6

5e dragons qui la poursuivaient, la poussèrent fortement à la sortie de Versailles. Le résultat de cette belle affaire fut l'entière destruction des deux régiments de hussards de Brandebourg et de Poméranie, les deux plus beaux de l'armée prussienne.

Ce coup fut si sensible à la Prusse qu'en 1870 plusieurs de ses généraux en parlèrent encore avec respect à l'amiral Exelmans, le fils de notre héros, ajoutant que ces régiments étaient presque exclusivement composés de volontaires.

Après cet exploit, le général Exelmans en adressa le bulletin à la commission du Gouverment. Le soir, il eut une autre rencontre avec l'infanterie ennemie près de Louveciennes et prit des dispositions pour recevoir l'ennemi avec sa cavalerie et la division d'infanterie du général Teste, en occupant le lendemain Arcueil et Montrouge. Sur ces entrefaites, la capitulation de Paris fut officiellement notifiée et Exelmans dut remettre, comme tant d'autres braves, sa vaillante épée dans le fourreau. Voici à ce sujet un extrait du *Mémorial de*

Sainte-Hélène (conversation du 6 juin 1816) : « Il est sûr que dans nos derniers moments, comme le disait l'Empereur, une foule de hauts faits, de traits historiques ont été se perdre dans la confusion de nos désastres et le gouffre de nos malheurs. C'est l'extraordinaire et singulière défense d'Huningue par l'intrépide Barbanègre [1]. C'est la belle défense du général Teste à Namur. C'est l'expédition brillante du brave Exelmans dans Versailles qui eût pu avoir des suites si importantes, si elle eût été soutenue ainsi que cela avait été décidé, et enfin un grand nombre d'autres ». (*Mémorial*, tome 4, page 237.)

(1) Barbanègre (1772-1830), général français. Une statue lui a été élevée à Pontacq en 1896.

XII

Rétablissement des Bourbons. — Ordonnance royale du 24 juillet 1815. — Rappel d'Exelmans. — Il est nommé Inspecteur général de cavalerie.

Le lendemain, 3 juillet, Exelmans reçut de Fouché, duc d'Otrante, une offre singulière. Nous en trouvons le récit dans un article que fit insérer au *Moniteur universel*, le colonel Michel, ancien aide de camp du général Friant et du maréchal Davoust.

C'était le 3 juillet 1815, après la brillante expédition de Versailles, que le général Exelmans avait rejoint l'armée dans la plaine de Montrouge. « Ce même jour, j'avais été chargé « par le maréchal prince d'Eckmühl (dont « j'étais aide de camp) de transmettre ses « ordres aux généraux commandant les divers « corps de notre armée. A peine étais-je arrivé « près du général Exelmans, qu'un influent « personnage (dont je tairai le nom), descen- « dant d'une brillante calèche se présenta à « lui et lui adressa la parole en ces termes : « Mon général, je suis chargé par Monseigneur

« le duc d'Otrante de vous présenter ses féli-
« citations sur vos récents exploits et de vous
« remettre en vous priant de les accepter, les
« quarante mille francs que voici. » — « Qu'est-
« ce que signifie cela, Monsieur ? » demanda
« Exelmans. — « Mon général, répondit l'in-
« terlocuteur, dans les conventions passées
« entre le Gouvernement provisoire et les
« chefs des alliés (lesquelles doivent être
« signées ce soir), il est un article stipulant
« que l'armée française doit se retirer outre
« Loire, et Monseigneur a pensé que dans les
« circonstances qui peuvent naître de ce mou-
« vement, vous pourriez avoir besoin d'ar-
« gent. »

A cette explication, le général répliqua :
« De deux choses l'une : ou les quarante mille
« francs appartiennent à l'Etat, ou ils pro-
« viennent de la bourse de Monseigneur le duc
« d'Otrante. Dans le premier cas, il faut qu'ils
« rentrent dans les caisses du Gouvernement ;
« et dans le second cas, veuillez dire à celui
« qui vous envoie que je n'ai rien à accepter de
« personne. Assurez-le bien surtout que je ne

« suis pas de ces hommes qui vendent leur « pays ! » (A cette époque, Exelmans ne possédait pas vingt-cinq louis.)

Il suivit ensuite l'armée sur la rive gauche de la Loire où elle fut licenciée peu après et se rendit à Clermont-Ferrand. Son 2e corps de cavalerie s'établit dans les départements de l'Allier et du Puy-de-Dôme. C'est de Riom que le général adressa son adhésion au rétablissement des Bourbons. Cette adhésion était ainsi conçue : « Le 2e corps de cavalerie de réserve adhère au rétablissement des Bourbons puisqu'ainsi l'exige l'intérêt de la patrie. »

Exelmans se trouvait à Clermont lorsque l'ordonnance royale du 24 juillet 1815 le comprit dans la liste des 38 personnes qui ayant servi sous le Gouvernement impérial, devaient sortir de Paris, se retirer dans l'intérieur de la France dans les villes qui leur seraient indiquées par le ministre de la police générale (Fouché) et y rester sous sa surveillance en attendant que les Chambres statuassent sur ceux d'entre eux qui devaient sortir du royaume, ou être livrés aux tribunaux. Trop certain que pour lui, ce n'était pas là qu'une menace, il partit bientôt et se retira à Bruxelles avec sa femme et ses jeunes enfants. C'était presque le sol natal, c'était du moins la langue et l'air du pays. La proximité de Paris lui permettait de conserver les relations et l'appui de sa famille. Mais bientôt la police française prit ombrage du voisinage des exilés ; on ne voyait partout que des complots.

La loi du 12 janvier 1816 statua sur le sort d'Exelmans. Elle lui défendit de rentrer en France sans l'autorisation expresse du roi, sous peine de déportation. A la même époque, les gouvernements européens s'entendaient pour interdire la Belgique aux réfugiés français. Il fallut partir pour l'Allemagne en plein hiver. A l'épreuve si dure de la perte de la patrie s'ajoutaient la gêne et les difficultés inhérentes à la vie d'une famille déjà nombreuse; sa femme n'avait qu'une fortune modeste et grevée de charges héréditaires. Le général, doté d'un majorat au titre de baron en Westphalie, dont il était frustré pour ne pas l'avoir réalisé en temps utile, n'avait rien gardé des hauts emplois exercés à la cour de Murat; il aimait trop la gloire pour faire la plus petite place à des intérêts d'argent. Ses seules ressources effectives, le traitement de son grade et celui de grand-officier de la Légion d'honneur, lui échappaient. Madame Exelmans n'hésita pas à se défaire de tout ce qui lui était personnel, diamants, bijoux, argenterie, objets de toilette précieux, dons magnifiques et chers souvenirs d'une générosité toute royale et de l'amitié profonde que la reine Caroline avait vouée à sa dame d'atours préférée pendant les années de son séjour à Naples, où elle avait fait l'admiration et l'étonnement de la cour par sa beauté et par sa vertu.

Les émotions ne furent même pas épargnées aux pauvres exilés! La tête de notre héros ayant été mise à prix, ils vécurent dans une angoisse perpétuelle, *car on trouve dans tous les pays des gens qui trahissent la patrie ou l'amitié pour quelques pièces d'or.*

Le général et Mme Exelmans furent obligés de changer de nom dès qu'ils entrèrent en Allemagne. Ils se cachaient sous le nom de

M. et Mme Lambert, lui, soi-disant commis-voyageur, elle, marchande de dentelles. Leur bonté, leur distinction et l'amabilité de leurs caractères, la beauté de leurs enfants, leur gagnaient tous les cœurs, même dans ce pays étranger, et quand une perquisition devait avoir lieu, ils en étaient toujours avertis à temps. Alors, le général s'enfuyait la nuit, et sa femme allait le rejoindre au prix de mille péripéties et des difficultés les plus grandes. Un jour même, il ne put sortir de sa maison déjà entourée ; on n'eut que le temps de le cacher dans une armoire du grenier si bien dissimulée dans un mur, qu'on passa et repassa devant elle sans songer à l'ouvrir. Il racontait souvent cette aventure à ses petites-filles de Tinan, avec lesquelles il vivait à la Chancellerie et qui l'écoutaient avec des battements de cœur suivis de beaucoup de baisers, car avec cette admirable bravoure, ce cœur de feu, il était plein de tendresse!...

Mais, au milieu de ces angoisses terribles, la santé de Mme Exelmans s'ébranlait de plus en plus. Le climat était dur, le ciel était sombre ; puis, quelle épreuve pour un patriote et un soldat comme Exelmans de se retrouver dans des pays où pendant vingt ans le drapeau français avait flotté vainqueur. Plusieurs enfants lui étaient nés, dont Maurice, qui devait plus tard défendre si vaillamment contre ces mêmes Allemands les remparts de Strasbourg, cette clef de la France sur le Rhin.

Le gouvernement de Louis XVIII était sorti des difficultés qui avaient suivi son retour : M. Decazes, ministre libéral, qui n'avait pas, et pour cause, d'animosité contre les souvenirs de l'Empire, était d'ailleurs en relations avec la famille de Ravignan. Il fut décidé que Mme Exelmans rentrerait en France avec ses enfants ; son frère Gustave (depuis l'illustre Père jésuite) alla la chercher, et bientôt on obtint le rappel du Général lui-même (Liste d'amnistie signée le 1er janvier 1819). Exelmans arriva à Paris le 24. Trois années passées en pays étranger, les mutilations subies par l'armée impériale licenciée après Waterloo, l'inaction forcée, succédant à vingt années occupées à parcourir l'Europe à cheval et le sabre au poing : rien de tout cela n'était fait pour adoucir les griefs du Général contre la seconde Restauration. Mais comment refuser de profiter de l'amnistie offerte sans conditions ? Autorisé à rentrer en France, le Général, à l'abri de la mise à la retraite comme ayant commandé en chef devant l'ennemi, recouvrait sa pension et son traitement. C'était un avenir assuré. Son premier devoir rempli, il demanda à son beau-frère, le baron Hippolyte de Ravignan, capitaine aux hussards du Nord, de l'accompagner chez le maréchal Macdonald, grand-chancelier de la Légion d'honneur. Le vétéran des gloires impériales était demeuré l'ami aussi fidèle de ses anciens compagnons d'armes, qu'il était devenu le serviteur dévoué, indépendant et loyal des Bourbons. Il reçut le Général avec cordialité, et, par un sentiment de délicatesse remarquable, ouvrant son coffre-fort, il lui remit les arrérages échus de la dotation de grand-officier de la Légion d'honneur, accumulés depuis quatre ans. « Ils sont insaisissables ; je les aurais défendus s'il l'avait fallu ; ils vous appartiennent; je pense que vous serez bien aise d'en disposer tout de suite.

Cela servit à couvrir les premiers frais de l'installation à Paris, où la famille devait vivre désormais. La baronne de Ravignan y passait les hivers avec ses filles et son fils Gustave, dont les succès oratoires, au premier rang de la magistrature, préludaient à ceux de la chaire de Notre-Dame. Il y eut là pour tous des années de calme et de repos bien appréciés.

Aux traits de générosité qui peignent si bien l'esprit et le cœur du roi Charles X, écrit Michaud, l'histoire doit ajouter les paroles qu'après son avènement, il adressa au général Exelmans dans une audience particulière : « Général, lui dit le roi, j'oublie tout ce qui s'est passé ; la seule chose dont je veux me souvenir, c'est que lorsque vous avez reçu de Bonaparte l'ordre de me poursuivre, vous avez pris une autre route que la mienne. »

Rappelé à l'activité le 7 septembre, il fut compris dans le nombre des généraux mis à la retraite sur la proposition de M. de Clermont-Tonnerre, ministre de la guerre, comme n'ayant pas servi depuis la rentrée des Bourbons.

Exelmans n'avait pas 50 ans ; il n'avait pas non plus 30 années de services ; il réclama avec énergie contre cette mesure vexatoire, et enfin le 12 janvier 1826, le conseil supérieur de la guerre émit l'avis que le général Exelmans ne pouvait être mis à la retraite. Il fut maintenu dans le corps d'état-major général et fut nommé, en 1828, inspecteur général de cavalerie des 9e, 10e, 12e et 21e divisions militaires.

Ses sentiments d'amour pour le drapeau tricolore se réveillèrent au lendemain de la révolution de Juillet, et il prit part, sous les ordres du général Pajol, à l'expédition dirigée contre Rambouillet; mais, de même que le 20 mars 1815, il s'était mis à la tête des officiers en demi-solde, dans le but de régulariser leur mouvement, il ne prit part à l'expédition de Rambouillet, dans laquelle il commanda les gardes nationales de province, que pour y maintenir le bon ordre.

Le 21 août 1830, Louis-Philippe éleva Exelmans à la dignité de grand'croix de la Légion d'honneur, et le 19 novembre de l'année suivante, il lui rendit celle de pair de France que la Restauration lui avait enlevée.

Exelmans laissa échapper à la Chambre des pairs peu d'occasions de manifester ses opinions libérales et ses sentiments de gratitude envers la mémoire de l'Empereur.

Le 16 décembre 1832, Armand Carrel [1] défendait devant la cour des pairs M. Rouen, gérant du *National*. Dans une de ces plaidoiries dont seul il avait le secret, il se laissa entraîner à des critiques assez vives sur les membres de la cour qui avaient autrefois condamné le maréchal Ney. Le président Pasquier l'interrompit et menaça de lui retirer la parole. Exelmans s'élevant de sa place s'écria de sa voix la plus retentissante : « Oui, la condamnation du maréchal Ney a été un assassinat juridique : je le dis, moi! »

1. Armand Carrel (1800-1836), célèbre publiciste, tué en duel à Saint-Mandé, par Emile de Girardin, à la suite d'une polémique de presse. Armand Carrel était l'ami d'Augustin Thierry et de Chateaubriand.

Dans la séance du 27 février 1834, il s'éleva avec force contre les conclusions de la commission qui demandait le rejet d'une pétition relative à l'abrogation de la loi du 10 avril 1832, qui interdisait le séjour de la France à la famille Bonaparte. « Je remarque dans cette enceinte, dit-il, bien des personnages qui ont, soit dans la guerre, soit dans l'administration, puissamment contribué à la gloire et à la prospérité de l'Empire. Il en est plusieurs, si je ne me trompe, qui ont eu plus ou moins à se louer de la munificence de l'Empereur. » Il terminait ainsi : « Par respect pour la mémoire du Grand Homme, je vote pour le rappel de son illustre famille. »

XIII

Exelmans à Bayonne. — Grand Chancelier de la Légion d'honneur. — Maréchal de France.

Louis Bonaparte avait renoué des intelligences jusque dans l'armée et cherché à ressaisir toutes les forces de son parti. Il ne pouvait manquer de faire appel au Général Exelmans. Par l'intermédiaire de M. de Bruc, il s'adressa à Exelmans pour lui demander de l'aider de ses conseils sans toutefois rien lui dévoiler de ses projets. « Le neveu de l'Empereur, lui disait-il, s'adresse avec confiance à un vieux militaire et à un vieil ami. » Le Général refusa formellement d'aller voir le prince et lui fit dire par M. de Bruc qu'il ferait bien de ne compromettre ni lui, ni sa famille.

Louis Bonaparte n'en garda pas rancune à Exelmans et cela n'empêcha pas le Général de défendre avec toute l'énergie de son dévouement une cause que personne plus que lui n'avait le droit de défendre, parce qu'il l'avait toujours servie sans ambition et sans calcul.

En ce temps de majorité satisfaite, tout opposant était presque déjà un disgracié. Le roi Louis-Philippe ne pardonna pas plus l'indépendance que le dévouement; et quand, au mois de juillet 1847, deux officiers généraux de l'Empire, Dode de la Brunerie et Reille, étaient élevés au Maréchalat, Exelmans ne s'étonnait, ni ne s'irritait. On lui objectait son éloignement de la cour; la famille, à la suite de cruelles épreuves, avait quitté Paris et s'était retirée dans une terre des Ravignan à Saint-Laurent, près de Bayonne. Il répondait : « Reille est plus ancien que moi et il a « de beaux états de service, mais Dode, c'est « autre chose. On le récompense à mes dépens, « d'avoir embastillé Paris; et le roi ne me « pardonne pas d'avoir démontré et dit bien « haut que c'était une folie. »

Tout entier à la satisfaction d'une vie rurale nouvelle pour lui et en harmonie avec la simplicité de ses goûts, heureux de la consolation que donnait à sa femme le retour désiré au pays natal, il s'occupait d'élevage, dressait et montait de jeunes chevaux avec un entrain qui faisait oublier son âge; ses prétentions allaient jusqu'à faire trotter de jeunes bœufs de labour pour faciliter de longs trajets à travers des routes défoncées, impraticables en toute saison. Il racontait volontiers, à ce sujet, un souvenir de la campagne de Russie où le maréchal Masséna, ayant perdu tous ses chevaux et incapable à son âge de se remettre à la marche d'un fantassin, avait dû faire route sur le dos d'un bœuf qu'on avait accommodé d'un bât ou d'une selle quelconque. Cette singulière monture eut du café pour tout aliment : voilà ce qui restait dans ce lamentable désastre à l'un des chefs les plus illustres de la Grande Armée.

A ce moment, malgré des pertes cruelles, celle de ses fils Charles et Gabriel, l'aîné et le dernier de trois fils, tous deux enlevés en pleine jeunesse et doués des qualités les plus attachantes, la famille était encore nombreuse : Maurice, brillant officier de marine, venait de contracter une alliance désirée avec Mademoiselle de Beaumont, d'une famille distinguée de Bretagne, fixée à Paris; Amélie, l'aînée des filles, aussi remarquée par sa beauté que par le peu de souci qu'elle en avait, était mariée à Monsieur de Tinan, officier de marine, qui conquit plus tard les plus hauts grades et l'admiration de tous pour son excès de délicatesse, de loyauté et de justice. Enfin Pauline, qui épousa M. de Sillègue, alors capitaine de cavalerie dont le général avait apprécié les qualités militaires, et Marie, mariée plus tard à un de ses cousins, M. de Laborde-Noguez, toutes deux splendides de beauté et de simplicité comme leur sœur aînée.

La révolution de février avait trouvé le Général établi à Bayonne où il passait l'hiver. Il fut nommé commandant de la Garde nationale. Le soldat citoyen n'était pas son fait; il y avait trop à faire pour lui communiquer l'esprit et la discipline militaires. Mais les journées de juin avaient donné à la Garde nationale une importance particulière et un rôle de défense sociale. Cela suffisait pour rendre ce commandement digne de son attention; il y apporta autant de zèle que d'activité.

Sans en prévoir peut-être toutes les conséquences, l'élection présidentielle du 10 décembre 1848 lui causa une vive satisfaction. Cette évolution spontanée du suffrage universel le ramenait aux souvenirs de sa jeunesse; le seul nom de Napoléon avait fait autant pour sa cause que les victoires de Bonaparte pour la sienne et le prince-président recevait du peuple la même mission de protéger la démocratie contre elle-même. Néanmoins il ne se décida pas à aller à Paris : aucun devoir ne l'y rappelait. Solliciter ou intriguer étaient au-dessous de lui.

C'est dans ces circonstances, qu'après la mort du Maréchal Oudinot, Duc de Reggio (août 1849), la Grande Chancellerie de la Légion d'honneur étant devenue vacante, le Président Louis-Napoléon Bonaparte, en face du décret qu'on présentait à sa signature, prononça le nom d'Exelmans et demanda ce qu'il était devenu. Edgard Ney, aide de camp du Prince, répondit que le général vivait retiré aux environs de Bayonne, croyait-il. On télégraphia au Sous-Préfet, qui confirma le fait. Le lendemain, le président signait le décret en substituant au nom présenté celui du Général Exelmans et le Sous-Préfet fut chargé d'en donner notification à l'intéressé. Cette situation enviée, récompense des plus hauts services militaires, et les conditions dans lesquelles il y était appelé ne pouvaient pas le trouver indifférent. De nouveaux deuils venaient d'ébranler la santé de Madame Exelmans. La perte récente de Madame de Tinan, le veuvage de Maurice, venaient de rouvrir des blessures toujours saignantes; consentirait-elle à revenir à Paris, à quitter sa vie de retraite et de famille, à subir enfin les exigences d'une position officielle? Le Général ne pouvait pas davantage se séparer d'elle pendant quelques mois; la distance entre Paris et Bayonne était encore à cette époque trop sérieuse à franchir.

Après quarante-huit heures de réflexions, il se décida à accepter et partit bientôt pour Paris. Les intrigues de la politique parlementaire l'attiraient médiocrement; il se consacra tout entier à défendre les privilèges et les intérêts de l'institution dont la garde lui était confiée. Le crédit dont il jouissait auprès de Louis-Napoléon servit ses desseins. C'est ainsi que furent obtenus la restitution à l'Ordre et le transfert à Ecouen de la maison d'éducation des filles de sous-officiers, située rue Barbette à Paris; la réorganisation du Conseil de l'Ordre, gardien de sa discipline et de ses prérogatives; plus tard enfin, la création de la médaille militaire, cette décoration du soldat, attribuée comme la plus haute distinction aux seuls maréchaux et à quelques officiers généraux signalés par l'éclat de leurs services.

Il fut question de le nommer ministre de la guerre, quand le Président, aux prises avec l'Assemblée, tenta de créer un ministère d'affaires, choisi en dehors de celle-ci : la combinaison n'aboutit pas. Les luttes de la tribune, dans une assemblée ardente, n'étaient pas faites pour le vieux soldat. Ne valait-il pas mieux réserver son dévouement et ses conseils pour les mieux mettre à profit?

On sait que la dignité de Maréchal de France ne peut être conférée qu'aux Généraux ayant commandé en chef devant l'ennemi plusieurs divisions composées de troupes de toutes armes; en temps de paix, cette condition était impossible à remplir. Depuis 1814, seuls le Général de Bourmont après la conquête de l'Algérie, le général Bugeaud après la bataille d'Isly, avaient pu, en activité de service, recevoir le bâton, récompense méritée de deux glorieuses victoires. Pour remplir les vides que la mort faisait vite parmi les maréchaux, on ne pouvait nommer à cette dignité que les généraux maintenus dans le cadre permanent d'activité. C'était le tour d'Exelmans : ses anciens l'avaient tous devancé. Le 10 mars 1851, un décret motivé l'élevait au plus haut sommet de la hiérarchie militaire. Le décret mettait en relief les titres du général qui n'a connu de l'Empire que les épreuves et les revers et qui, en 1815, a tiré le dernier coup de canon contre l'étranger.

Approuvée par tous, cette promotion flatteuse donnait au nouveau Maréchal un rang dont il était fier à juste titre : c'était la récompense méritée de sa bravoure, de son patriotisme et de sa fidélité.

XIV

Mort du Maréchal Exelmans [1].

Après le coup d'Etat du 2 décembre, Louis-Napoléon, nommé Président pour 10 ans, rétablit le Sénat et le Maréchal Exelmans fut appelé un des premiers à siéger dans cette haute assemblée.

Il ne devait pas jouir longtemps de la suprême récompense accordée à une aussi noble carrière.

Le 21 juillet 1852, le Maréchal Exelmans était invité à dîner à Saint-Gratien, chez la Princesse Mathilde, où il allait fréquemment, ainsi que son fils Maurice, alors capitaine de frégate.

Au moment de partir, et comme une fatalité,

1. Presque tous les biographes ont relaté que la chute de cheval qui devait amener la mort du Maréchal, avait eu lieu en se rendant chez la Princesse Mathilde. Il résulte de renseignements précis qu'il y a là une erreur et que nous donnons ici les détails exacts.

des amies de la Maréchale vinrent lui demander à dîner (car il y avait toujours table ouverte à la Chancellerie pour les amis et les parents); le Maréchal renonça à partir dans sa calèche découverte qu'il voulut laisser à la Maréchale et à ses amies, afin qu'elles pussent profiter d'un temps radieux pour aller après dîner se promener au bois de Boulogne. — Le Maréchal fit donc seller les chevaux. — Il montait depuis quelques semaines un ravissant cheval arabe tout blanc, que le Maréchal de Saint-Arnaud lui avait envoyé d'Alger... et qui allait être cause de sa mort. Plusieurs amis l'avaient déjà supplié de renoncer à dresser ce cheval et à le monter ; le Maréchal était encore un admirable cavalier, mais il oubliait toujours ses 76 ans et ses mains peu souples dont les doigts avaient été gelés au passage de la Bérésina ; de plus, un peu de goutte empâtait les articulations des doigts et l'empêchait de serrer assez énergiquement les rênes pour dompter un jeune cheval entier, plein de sang et de vigueur. — Le Maréchal partit donc à 6 heures accompagné de son fils

Maurice (le seul qui survivait de ses 14 enfants avec deux filles mariées Mmes de Sillègue et de Laborde-Noguez). Un domestique les accompagnait. — On arriva sans encombre à Saint-Gratien (Enghien) où on dîna très gaiement chez la princesse Mathilde, dont l'esprit charmant et la bonté captivante étaient toujours un régal pour ses amis. A 11 heures le Maréchal et son fils prirent congé d'elle... c'était le dernier adieu !...

En traversant le pont de Sèvres, les cavaliers croisèrent une de ces immenses charrettes de bottes de paille ;... le cheval arabe du Maréchal eut le flanc gratté par les bouts des pailles... Il n'en fallut pas davantage pour l'affoler. Il partit comme un trait, et disparut subitement dans la nuit devant le commandant Exelmans et le valet de pied terrifiés!... Ils mirent leurs chevaux au grand trot, et ce ne fut qu'au bout de 10 minutes qu'ils aperçurent le cheval seul, sans cavalier, errant sur la route et revenant vers eux !

Immédiatement, ils comprirent l'étendue du malheur !... Le commandant Exelmans sonna à la porte d'une auberge, raconta ce qui venait d'arriver au Grand Chancelier de la Légion d'honneur, demanda des gens et des torches pour commencer la lugubre recherche ! Hélas ! Elle ne fut pas longue ! Environ à 300 mètres du pont de Sèvres, on aperçut le pauvre Maréchal étendu sur le dos, sur un de ces gros tas de pierres disposés le long de la route. C'est ainsi que tomba celui que le grand Empereur avait appelé : « le Brave des braves » ! Lui qui avait assisté à tant de combats sanglants ; qui avait eu des chevaux tués sous lui ; qui avait reçu 17 blessures graves, il trouvait la mort sur une route... et il était tué par un cheval ! animal qu'il avait aimé passionnément toute sa vie !

On ramassa le Maréchal qui respirait encore, mais qui avait une fracture du crâne derrière l'oreille; on le porta sur un lit de l'auberge ! On courut prévenir la princesse Mathilde qui, comme l'ange de l'amitié fidèle, arriva de suite. On alla chercher le Ministre de la Guerre ainsi que le Révérend Père de Ravignan, beau-frère du Maréchal et alors Supérieur des Jésuites. Il vint lui donner la dernière bénédiction ; et à 4 heures du matin, le Maréchal rendit le dernier soupir sans avoir repris connaissance. Le Père de Ravignan courut alors à la Chancellerie réveiller l'amiral de Tinan, gendre du Maréchal et qui depuis son veuvage habitait avec ses deux filles chez sa belle-mère : ce fut donc lui et le Père de Ravignan qui préparèrent la pauvre Maréchale au coup si terrible qui la frappait ! — A 7 heures du matin arrivait à la Chancellerie le triste cortège conduit par le fils désespéré, par le Ministre de l'Intérieur, M. de Persigny, par le comte de Nieuwerkerke, par un envoyé de l'Empereur, etc., etc,

Ils ramenaient inerte et glacé, ce maréchal si bon, si aimé, si grand et si doux, qui était pleuré par tous, mais qui n'avait pas eu le bonheur de mourir de la mort des braves !

Le lendemain à deux heures, le corps du Maréchal fut embaumé. — Les Ministres présents à Paris, le général en chef de l'armée de Paris, les généraux commandant les divisions et les différentes brigades de l'armée, un grand nombre d'officiers supérieurs et de grands dignitaires de l'Etat, se rendirent à la Grande Chancellerie de la Légion d'honneur pour présenter à Madame la Maréchale Exelmans leurs compliments de condoléance.

Le 26 juillet, sur le rapport de M. de Saint-Arnaud, Ministre de la Guerre, le Prince-Président décrétait que le Maréchal Exelmans serait inhumé aux Invalides et que la cérémonie aurait lieu aux frais de l'Etat.

Les funérailles eurent lieu le 28 juillet. La France tout entière était représentée à cette cérémonie par ses premiers magistrats, par ses guerriers, par ses illustrations de tout genre. Le Prince-Président voulut, par sa présence et par celle de presque tous les membres de sa famille, rendre hommage au vieux soldat qui avait consacré sa vie au service de sa patrie.

Les dispositions pour les funérailles du Maréchal avaient été prises par les soins de l'autorité militaire.

A dix heures, toutes les troupes étaient sous les armes, et l'Hôtel national des Invalides était prêt à recevoir, avec le cérémonial funèbre réservé aux Maréchaux de France, les restes mortels du vieux guerrier.

Le corps du Maréchal Exelmans avait été déposé, comme nous l'avons dit précédemment, à la Chancellerie de la Légion d'honneur. Depuis deux jours, il était exposé dans une chapelle ardente ; des détachements des 8e et 11e de ligne faisaient le service d'honneur auprès du cercueil. A onze heures, les personnes convoquées pour la cérémonie s'y trouvaient réunies : ministres, sénateurs, députés, conseillers d'Etat, généraux, etc., etc...

A onze heures et demie, le cortège partit de la Chancellerie. Un escadron des guides et un bataillon d'infanterie, musique en tête, ouvraient la marche. Un corbillard richement décoré, traîné par six chevaux, portait la dépouille mortelle du Maréchal. Son épée, son bâton de commandement, ses insignes de la Légion d'honneur étaient déposés sur le cercueil et recouverts d'un crêpe funèbre ; son cheval de bataille, caparaçonné de deuil, suivait le char.

Le deuil était conduit par le fils de l'illustre défunt, Maurice Exelmans, capitaine de frégate et officier d'ordonnance du Prince-Président; par ses gendres, MM. le Barbier de Tinan, contre-amiral, et de Sillègue, chef d'escadron de dragons, et par son beau-frère, le célèbre abbé de Ravignan.

Les cordons du poêle étaient tenus par le Maréchal Vaillant, le général de Saint-Arnaud, ministre de la guerre, le général Magnan et par le général de Lawœstine.

Tous les ministres en uniforme, un grand nombre de sénateurs, de généraux, de députés, de conseillers d'Etat, de fonctionnaires de tous les ordres, et le conseil de la Légion d'honneur tout entier accompagnaient le char funèbre.

A onze heures et demie, le cortège arriva devant la grille des Invalides; vingt et un coups de canon annoncèrent sa présence.

Une double ligne de militaires invalides formait la haie des deux côtés, depuis la grille jusqu'à la porte extérieure.

Des tentures funèbres portant en écusson

le chiffre et les armes du Maréchal Exelmans décoraient l'entrée de l'Hôtel.

A l'intérieur, les militaires invalides, placés sur deux rangs dans la cour d'honneur, formaient également la haie sur le passage du cortège.

La chapelle était décorée avec une grande pompe. De longues draperies noires couvraient les colonnades jusqu'à la hauteur des frises. Des écussons aux armes du Maréchal étaient attachés aux piliers. D'autres écussons placés auprès des drapeaux, trophées de ses victoires, portaient en lettres d'or les noms des batailles auxquelles le maréchal avait assisté.

On lisait dans ses écussons les noms suivants : Andria, Trani, Pizzighitonne, Castel-Nuovo, Wertingen, Austerlitz, Posen, Eylau, Friedland, la Moscowa, Rabouga, Wilna, Bautzen, Leipzick, Hanau, La Fère-Champenoise, Plancy, Mery, Arcis-sur-Aube, Montereau, Versailles, Rocquencourt.

Au milieu s'élevait un riche catafalque constellé d'étoiles d'argent ; des lampadaires funèbres, aux flammes vertes et bleues, étaient disposés dans toute la longueur de la nef. La chaire elle-même était recouverte d'un velarium parsemé de lames d'argent. Des invalides armés de lances aux flammes tricolores formaient la haie des deux côtés de l'église.

Un détachement de sous-officiers décorés appartenant aux divers corps de l'armée de Paris, faisait le service d'honneur auprès du catafalque ; enfin les tribunes avaient été disposées pour recevoir la famille du Maréchal et les personnes invitées à la cérémonie.

Le clergé des Invalides et celui de Saint-Thomas d'Aquin, chargés d'officier, allèrent recevoir le cortège à l'entrée de l'église.

Le corps du Maréchal avait été exposé sur un catafalque.

Son épée, ses épaulettes, ses insignes de la Légion d'honneur étaient placés à côté du cercueil.

Au nombre des personnages présents à la cérémonie nous citerons, indépendamment de tous les généraux de l'armée de Paris, le maréchal Harrispe, les généraux Schramm, d'Hautpoul, Achard, Cavaignac, ancien aide de camp du roi Murat, la Hitte, de Bar, Tartas, Pyat, Allard, Wast-Vimeux, Hugo Saint-Mars, l'amiral Baudin, l'amiral Perseval-Deschênes, l'amiral Grivel, le marquis d'Audiffret, Boulay (de la Meurthe), cardinal Mathieu, etc., etc.

Dans la tribune réservée au maréchal gouverneur des Invalides, on remarquait le prince Napoléon, le prince Charles Bonaparte et la princesse Mathilde.

A onze heures trois quarts, l'archevêque de Paris, accompagné du nonce du pape et du cardinal Mathieu, vint s'agenouiller au pied du catafalque.

Le Prince-Président arriva à midi précis.

Le maréchal gouverneur des Invalides, les ministres et tous les hauts dignitaires étaient allés à sa rencontre.

Le Prince-Président était accompagné du prince Murat, des généraux Canrobert, Roguet, Espinasse, etc... La cérémonie religieuse terminée, l'archevêque de Paris prononça l'absoute.

Le cercueil du Maréchal fut replacé sur le char funèbre et reconduit à l'entrée de la grille des Invalides pour le défilé des troupes, revue suprême, qui, en rappelant à l'armée les services de l'illustre défunt, lui montra en même temps comment la France récompense et honore les hommes qui se dévouent pour la servir.

Le corps du Maréchal fut ensuite placé sous le dôme des Invalides, entre Turenne et Vauban, à côté de l'empereur dont il avait été un des lieutenants les plus braves et des plus dévoués.

Après la cérémonie, s'adressant à Mme Exelmans, le Prince-Président lui demanda si elle avait quelque désir ou quelque vœu de son mari à exprimer. Cette dernière lui répondit que le Maréchal souhaitait beaucoup la nomination de son aide de camp, le capitaine de Chambray, au grade de chef d'escadron, et qu'il s'en était encore occupé la veille de sa mort. Le Prince, heureux de pouvoir donner satisfaction au dernier désir du Maréchal, déclara à Mme Exelmans que le capitaine de Chambray serait promu le jour même au grade supérieur.

XV

Mort de Madame la Maréchale Exelmans.

Mme Exelmans mourut le 6 janvier 1862 ; elle s'était retirée dans sa propriété près de Bayonne ; elle termina sa vie entourée de la vénération de tous les habitants du pays et dans une sérénité admirable, récompense bien méritée d'une vie marquée par toutes les épreuves et par les plus nobles vertus.

Elle repose dans son cher pays, loin de celui qu'elle a tant aimé.

Telle est la vie d'Exelmans, de ce glorieux représentant de la grande armée ; elle peut se résumer en quelques mots : vingt-quatre ans non interrompus de services de guerre, autant de campagnes ; une valeur à toute épreuve, un caractère chevaleresque, le cœur de Bayard et le dévouement de Crillon.

Exelmans avait parcouru l'Europe au galop de son cheval, *brûlant les champs de bataille*, pour nous servir de l'expression du colonel Ambert. Il est mort à cheval pour ainsi dire, car, malgré son grand âge, le Maréchal n'avait pu renoncer aux habitudes de sa vie militaire, et par une de ces coïncidences qui surprennent les esprits les plus indifférents, c'est non loin du champ de bataille témoin de son dernier triomphe que ce vaillant soldat a succombé victime d'un accident, comme si la Providence eût voulu placer près de la douleur que sa mort a causée à la France le souvenir de son plus brillant fait d'armes.

PIÈCES JUSTIFICATIVES

N° 1.

ÉTATS DE SERVICE DU COMTE EXELMANS

(*Remy-Joseph-Isidor*), *fils de Guillaume-Isidor et de Françoise Belhomme, né le 13 novembre 1775, à Bar-sur-Ornain* (*Meuse*).

Volontaire au 3e bataillon de la Meuse, le 6 septembre 1791.

Sergent dans la compagnie de canonniers, le 11 janvier 1792.

Sous-lieutenant le 1er brumaire an V.

Lieutenant le 1er messidor an VI.

Aide-de-camp du général Eblé le 1er brumaire an VII.

Nommé capitaine au 16e régiment de dragons par le général en chef de l'armée d'Italie, le 24 germinal an VII.

Aide-de-camp du général Broussier, le 3 thermidor an VII.

Confirmé dans le grade de capitaine, le 19 messidor an VIII.

Aide-de-camp du général Murat, le 1er prairial an IX.

Chef d'escadron, le 16 vendémiaire an XII.

Colonel du 1er régiment de chasseurs, le 6 nivôse an XIV.

Général de brigade, le 14 mai 1807 (aide-de-camp du maréchal Murat).

Major des chasseurs à cheval de la garde impériale, le 24 décembre 1811.

Major des grenadiers à cheval de la garde impériale, le 9 juillet 1812.

Général de division, le 8 septembre 1812.

Commandant une division de cavalerie légère au 2e corps de cavalerie, le 15 février 1813.

Commandant la division provisoire du 2e corps de cavalerie, le 1er janvier 1814.

Inspecteur général de cavalerie dans la 1re division militaire, le 12 juin 1814.

Mis en non-activité, le 1er janvier 1815.

Commandant une division de cavalerie du 2e corps, le 31 mars 1815.

Compris dans l'article 2 de l'ordonnance du

24 juillet 1815, qui l'oblige de sortir de Paris sous trois jours.

Admis comme disponible dans le cadre de l'État-Major général, le 1er septembre 1819.

Inspecteur général de cavalerie pour 1828.

Dans les 9e, 10e, 11e et 21e divisions militaires, le 7 mai 1828.

Chargé d'une inspection extraordinaire, le 8 août 1830.

Disponible le 1er novembre 1830.

Compris comme disponible dans le cadre de l'Etat-major général, le 7 février 1831.

Pair de France, le 19 novembre 1831.

Grand-chancelier de la Légion d'honneur, le 15 août 1849.

Maréchal de France, le 10 mars 1851.

Décédé le 22 juillet 1852.

CAMPAGNES.

1792-1795, armée de la Moselle; — ans III, IV, V, armée de Sambre-et-Meuse ; — an VI, armées d'Angleterre et d'Italie; — ans VII et VIII, Italie; — ans IX et X, armée d'observation du Midi; — vendémiaire et an XIV,

1806, 1807, grande armée; — partie de 1808, Espagne; — 1812 et 1813, grande armée; — 1814, France; — 1815, armée du Nord.

Prisonnier de guerre en 1808. Rentré en France en avril 1811.

DÉCORATIONS.

Grand-officier de la Légion d'honneur, le 7 novembre 1813.

Grand'croix du même ordre, le 21 août 1830.

Chevalier de Saint-Louis, le 19 juillet 1814.

(Collationnés sur la minute envoyée du ministère de la Guerre et déposée à la Préfecture de la Meuse.)

N° 2.

On trouve la signature de Mme veuve Exelmans, mère du maréchal, au bas d'une adresse datée de juillet 1809. Dans cette adresse, les dames de la ville de Bar-le-Duc félicitent le *comte Oudinot* de sa promotion au maréchalat. (*Hist. de N.-Ch. Oudinot*, par Nollet (Fabert), p. 124).

D'après les renseignements qui nous sont

parvenus, cette dame était retirée à Longeville, près Bar-le-Duc, où elle vivait modestement dans une maison appartenant à M. Hussenot, où elle resta jusqu'au moment de son décès, arrivé le 20 janvier 1819, ainsi que le constate l'acte ci-dessous, extrait textuellement du registre de l'état civil déposé à la mairie de Longeville :

« L'an 1819, le 30 du mois de janvier, pardevant nous Demimuid-Moreau, maire officier de l'état civil de la commune de Longeville, canton de Bar, département de la Meuse, sont comparus Isidore Hussenot, âgé de 32 ans, et Jean-Claude Hussenot, âgé de 44 ans, tous deux propriétaires domiciliés à Longeville, et amis de la décédée ; lesquels nous ont déclaré que Françoise Belhomme, âgée de 78 ans, native de Bar-le-Duc, veuve de défunt Guillaume-Isidore Excelmans, rentière, demeurante à Bar, est décédée ce dit jour au domicile dudit Isidore Hussenot, à 5 heures du soir ; et ont les déclarants signé avec nous le présent acte, après que lecture leur en a été faite.

« Ont signé au registre :

« Hussenot, Isidore, — Hussenot, Claude, — et Demimuid-Moreau, maire. »

Madame veuve Exelmans a été inhumée dans le cimetière de Longeville.

N° 3.

Malgré d'actives recherches, il nous a été impossible de nous procurer des renseignements sur Isidore Exelmans, père du Maréchal. Sur les registres de décès de la ville de Bar-le-Duc, dressés de 1773 à 1812, le nom d'Exelmans ne figure qu'une seule fois. Voici le texte de l'acte de décès :

« L'an mil sept cent soixante et quinze, le 19 du mois d'avril, est décédé Michel Exelmans, veuf en premières noces de demoiselle Anne Georges, et en secondes noces de Marie-Anne Ligier, âgé d'environ 90 ans. »

LES DESCENDANTS DU MARÉCHAL EXELMANS

Exelmans épousa, le 21 février 1808, Mademoiselle Amélie-Marie-Josèphe Delacroix de Ravignan, dont il eut 14 enfants, dont 6 moururent en bas âge :

1°

Charles, vicomte Exelmans, né en 1812, entré à l'Ecole polytechnique en 1830. — Receveur des finances. — Il épousa Mme Varin, née Nathalie Le Campion, et mourut en 1845, laissant un fils :

Edmond, comte Exelmans, né en 1840, entré à Saint-Cyr en 1860. — Officier de hussards. — Démissionnaire. — Actuellement habitant à Paris.

2°

Amélie Exelmans, née en 1815, épousa, le 6 septembre 1834, Marie-Charles-Albert Le

Barbier de Tinan, lieutenant de vaisseau, né le 30 avril 1803, décédé le 18 décembre 1876. — Vice-amiral, grand'croix de la Légion d'honneur, médaille militaire, grand-cordon d'Espagne, etc., etc.

Amélie Exelmans mourut le 1er décembre 1848, laissant deux filles :

1° Georgina Le Barbier de Tinan, née le 15 octobre 1835, décédée le 14 décembre 1862, épousa, le 5 mai 1856, Camille Clerc, ingénieur des ponts et chaussées, dont deux fils :

Adelbert Clerc, né le 4 février 1858. — Actuellement capitaine au 11e régiment d'artillerie à Versailles.

Gustave Clerc, né le 24 décembre 1859, décédé le 15 avril 1878.

2° Berthe Le Barbier de Tinan, née le 17 juin 1840, mariée le 24 janvier 1860, à Georges Pochet, dont 7 enfants. (Voir à la fin, page 146.)

3°

Henriette Exelmans, morte à 11 ans.

4°

Raoul Exelmans, mort à 9 ans.

5°

Maurice, vicomte Exelmans, né le 22 avril 1816. Sorti de l'École navale avec le numéro 1. Épousa, en 1851, Marie-Vincent de Saint-Bonnet. Après avoir été officier d'ordonnance de l'empereur Napoléon III, commandant des yachts, fait les campagnes de Crimée, de la Baltique et de 1870 (Strasbourg), il fut nommé vice-amiral, puis préfet maritime à Rochefort. Il mourut le 25 juillet 1875, des suites d'une chute de cheval, le même jour que son père, 23 ans après ! et du même accident. Il laissait cinq enfants :

1. Louis-Napoléon Exelmans, né le 22 août 1851, décédé le 14 décembre 1863.

2. Octave-Charles-Marie-Jacques, vicomte Exelmans, né le 22 juillet 1854, actuellement chef de bataillon breveté, attaché militaire à l'ambassade de France et à la légation de Portugal à Madrid. Marié à Mlle Balzan en 1888, dont il a trois enfants : Marguerite, née en 1889 ; Maurice, en 1892 ; Marie-Madeleine, en 1896.

3. Amélie Exelmans, née le 19 septembre 1856, mariée le 1er mai 1879 à Gaston Serres de Gauzy, avocat à Castelnaudary, dont elle a une fille, Yvonne.

4. Amédé Exelmans, né le 10 août 1859, licencié en droit.

5. Antoine Exelmans, né le 19 janvier 1865, lieutenant de vaisseau. Marié en 1894 à Mlle Penfentenio de Kervereguer, dont il a deux enfants, Remy et une fille.

6°

Pauline Exelmans, née le 8 août 1822, mariée à M. de Sillègue, colonel de cavalerie, décédée le 25 décembre 1879, laissant trois enfants :

Marie de Sillègue, née en 1849, décédée en 1880;

Norbert de Sillègue, né en 1850, aujourd'hui lieutenant-colonel au 18e chasseurs, à Saint-Germain, a épousé, en juin 1881, Mademoiselle Levesque de Vilmorin; pas d'enfants;

Marguerite de Sillègue, née le 20 septembre 1851. Pas mariée, retirée à Pau.

7°

Marie Exelmans, née en 1828, mariée le 7 janvier 1847 à Amédé de Laborde-Noguez, décédée le 17 avril 1855, laissant deux fils :

Gaston de Laborde-Noguez. né le 18 janvier 1848, marié le 20 novembre 1876 à Fanny Larrieu, fille de l'amiral, dont douze enfants, huit filles et quatre garçons;

Paul de Laborde-Noguez, né le 14 juillet 1851, conseiller général de la Seine-Inférieure, officier d'artillerie de réserve. Marié en 1884 à Marie La Chambre ; pas d'enfants.

8°

Gabriel Exelmans, né en 1825, décédé en 1845 en faisant un voyage industriel à sa sortie de l'École centrale.

Par décret du garde des sceaux, les enfants de Mme Pochet de Tinan ont le droit d'ajouter à leur nom patronymique de Pochet le nom de Pochet Le Barbier de Tinan :

1. Marie Pochet Le Barbier de Tinan, née le 12 novembre 1860, mariée à Maurice Taconet, le 24 janvier 1880, dont elle a sept enfants : Lionel — Berthe — Gabriel — Marguerite — Henri — Raymond — et Suzanne.

2. Marie-Georgina Pochet Le Barbier de Tinan, née le 16 janvier 1863, décédée le 20 du même mois.

3. Charles-Adelbert Pochet Le Barbier de Tinan, né le 16 septembre 1864, lieutenant au 7e dragons, marié le 12 novembre 1894 à la princesse Geneviève de Caraman-Chimay.

4. Maurice Pochet Le Barbier de Tinan, né le 10 juillet 1872.

5. Louis-Bernard Pochet Le Barbier de Tinan, né le 10 avril 1878.

6. Gaston Pochet Le Barbier de Tinan, né le 1er janvier 1881.

7. Marie-Amélie Pochet Le Barbier de Tinan, née le 13 mai 1884.

Avant de clore cette branche de la famille du maréchal, rappelons ici les nombreuses distinctions honorifiques dont Mme Berthe Pochet de Tinan a été l'objet :

1° Médaille décernée par M. de Flavigny (Société de secours aux blessés militaires de terre et de mer) en 1872.

2° Médaille décernée par la ville du Havre en 1872.

3° Médaille décernée par la Société des Sauveteurs du Havre. — 1872.

4° Médaille d'or décernée par la Société des Sauveteurs de la Seine-Inférieure. — 1872.

5° Médaille d'honneur décernée en 1872 par la Société d'encouragement au bien (siège à Paris), pour services rendus à l'humanité et services exceptionnels pendant la guerre.

6° Médaille d'argent en 1879. Association des Dames françaises pour fondation du Comité du Havre.

7° Médaille d'or de l'Association des Dames

françaises en 1890, après sa conférence sur « le Havre pendant la guerre de 1870 ».

8° Grande médaille d'honneur au Dévouement (1892). Association des Dames françaises pour dévouement pendant le choléra.

9° Médaille d'or décernée par la ville du Havre, pour dévouement exceptionnel pendant l'épidémie cholérique en 1892.

10° Nommée Officier d'Académie le 29 juin 1896.

11° Médaille d'or décernée par la Société d'encouragement au bien, pour services exceptionnels rendus à l'humanité. — 30 mai 1897.

APPENDICE

Au moment où ces lignes paraîtront, le Maréchal Exelmans aura sa statue sur une des plus belles places de notre cité.

Le 28 août 1896, la question de perpétuer par le bronze le souvenir de l'illustre soldat était agitée dans une réunion de l'Association fraternelle des Anciens militaires de Bar-le-Duc, et l'on émit le vœu que l'honneur rendu à Oudinot fût également fait à Exelmans.

Le 1er octobre, un Comité d'organisation se forma sous la présidence de M. Pernet, Maire de Bar-le-Duc. Bientôt, le succès dépassa les espérances, et le 20 du même mois le Comité d'exécution était définitivement constitué. Il était composé de :

COMITÉ D'HONNEUR

Présidents :

MM. le Général Hervé, Commandant le 6e corps d'armée.

Combarieu, Préfet de la Meuse.

Bret, Préfet de Seine-et-Marne, ancien Préfet de la Meuse.

Membres :

MM. les Généraux de division Hartung, Gouverneur de Verdun.

Parison, Commandant la 39e division d'infanterie.

de Benoist, Inspecteur général permanent de cavalerie.

Florentin, Commandant la 40e division d'infanterie.

Désandré, Général de division.

MM. les Généraux de brigade Risbourg, adjoint au Commandant supérieur de la défense du groupe de Verdun.

Mouton, Commandant la 21e brigade d'infanterie, à Nancy.

MM. de Benoist, Commandant la 1re brigade de chasseurs, à Châlons.

Godard, Commandant la 77e brigade d'infanterie, à Commercy.

de Benoist, Commandant la 78e brigade d'infanterie, à Toul.

Lelorrain, Commandant la 79e brigade d'infanterie, à Verdun.

Regnier, Commandant la 80e brigade d'infanterie, à Saint-Mihiel.

Moinot-Werly, Commandant la 30e brigade d'infanterie, à Dijon.

Parisot, Colonel commandant le 94e de ligne.

Develle, Sénateur, Président du Conseil général de la Meuse.

Boulanger, Sénateur, Premier Président de la Cour des Comptes.

Buvignier, Sénateur.

Develle, Député, ancien Ministre.

Poincaré, Vice-Président de la Chambre des Députés, ancien Ministre.

Prudhomme-Havette, Royer, Députés.

Chastel, Secrétaire général de la Préfecture de la Meuse.

MM. Duvaux, Secrétaire général de l'Allier.
Thébert, Chef de Cabinet de M. le Préfet de la Meuse.
les Membres du Conseil général de la Meuse.
les Membres du Conseil municipal de Bar-le-Duc.
Angelini, Président de l'Association des Anciens Militaires.
Chardin, Président de la Société de Secours aux blessés.

COMITÉ D'EXÉCUTION

Président :

M. Pernet, Maire de Bar-le-Duc.

Vice-Présidents :

MM. Gervaise, Conseiller général et Maire de Véel.
Chevalier, Conseiller d'arrondissement et Maire à Longeville.
Rogier, Conseiller d'arrondissement et Maire à Robert-Espagne.

Membres :

MM. Prieur, Trésorier-Payeur général de la Meuse.

Prélat, Inspecteur d'Académie.

Horster, Proviseur au Lycée.

Bock, Capitaine de Territoriale.

Oudinot, Adjoint au Maire.

Facdouel, Conseiller municipal.

Martin, Vice-Président de l'Association fraternelle des Anciens Militaires.

Collin, Ingénieur civil.

Viard, Conseiller municipal.

Verbois, Conseiller municipal.

Despiques, Professeur au Lycée de Bar-le-Duc.

Secrétaire :

M. André, Commis principal à la Préfecture de la Meuse, Secrétaire de l'Association des Anciens Militaires.

Secrétaire-Adjoint :

M. Millet, Employé à la Mairie, Agent général de la Société de Secours Mutuels.

Ouverte le 1er Novembre, la souscription a été menée sans bruit et sans fracas, simplement, dignement, comme il convenait à la mémoire du grand mort qu'on veut honorer. Le Ministre de la Guerre s'est associé à cette œuvre patriotique en autorisant le Comité à faire circuler des listes de souscription parmi les régiments, et enfin le 11 Janvier 1897, le Comité accepta un avant-projet que lui présentaient les sculpteurs Peynot et Roussel.

Qu'il nous soit permis d'adresser ici un juste hommage de reconnaissance à l'Association des Anciens Militaires pour l'initiative qu'elle a prise, à tous les membres du Comité et en particulier à M. Pernet, le dévoué Président du Comité et le sympathique Maire de Bar-le-Duc, qui n'a rien ménagé pour assurer le succès de l'œuvre entreprise.

MM. PEYNOT ET ROUSSEL

Qu'il nous soit permis de faire connaître à nos lecteurs ces éminents artistes.

Emile Peynot est Bourguignon, il est né à Villeneuve-sur-Yonne, le 22 *novembre* 1850. *Il étudia d'abord la sculpture sous la direction d'un statuaire nommé Robinet, puis, entra à l'Ecole des Beaux-Arts. Son travail fut récompensé en* 1880, *où il fut reçu Grand prix de Rome. Les principales œuvres exécutées par M. Peynot sont les suivantes :*

Statue de Tourville, pour l'Hôtel-de-Ville de Paris — 1881.

Statues du Palais-de-Justice de Rouen — 1881.

« *Abandonnée* », *pour le Musée d'Auxerre* — 1884.

« *Pro Patria* », *statue en marbre au musée du Luxembourg* — 1886.

Groupe marbre « *La Proie* », *pour le musée de Lille* — 1889.

Monument de Paul Bert à Auxerre — 1889.

« *Souvenir* », *statue en pierre, à Sens* — 1891.

Deux bassins en plomb, pour le château de Vaux — 1893.

Quatre groupes en marbre, pour le même château — 1893.

Monument à la gloire de la République, à Lyon — 1894.

Monument de Carnot, à Fontainebleau — 1895.

Statue de Turenne, à l'Ecole de guerre de Paris — 1895.

Monument du cardinal Bernadou, pour Sens — 1897.

Statue du maréchal Exelmans, pour Bar-le-Duc — 1897.

En outre de ces œuvres, M. Peynot en a encore exécuté une quantité d'autres qui n'ont pas paru aux expositions officielles, comme la statue en pierre « Tourville », les bronzes « Marchand tunisien », « Les Lunettes de professeur », « Charmeuse », « Le Ramoneur », « En embuscade », « Soldat Louis XIII », « Sainte Cécile » et le groupe en bronze « Bonne Aventure ». Il faut encore citer, entre autres œuvres, une terre cuite « Amour et jeune fille », deux bronzes « Printemps ».

M. Peynot remporta une médaille de 3e *classe à l'Exposition du salon de Paris, en* 1883, *une médaille de* 2e *classe, en* 1886, *une médaille de* 1re *classe, en* 1887, *et une médaille d'or, à l'Exposition universelle de* 1889.

A l'inauguration du monument de Paul Bert, il fut nommé commandeur du Dragon d'Annam. En 1891, *il fut promu chevalier de la Légion d'honneur.*

M. Peynot a de nombreux admirateurs. L'un d'eux nous

disait il y a quelque temps : Parmi les sculpteurs que je connais, Peynot est un artiste à part. Ses connaissances, philosophiques, scientifiques et littéraires sont vastes (chose rare chez les sculpteurs). Aristote et Darwin voilà ses philosophes!

Il faut ajouter que M. Peynot cultive la poésie dans ses loisirs et nous savons quelques vers dont la couleur et la noblesse de pensée rappellent ses plus beaux morceaux de sculpture.

M. Peynot travaille en moyenne 7 heures par jour, souvent plus, oublie quelquefois l'heure du déjeuner, emporté par la recherche d'une esquisse. Il consacre généralement sa matinée au modèle vivant.

Ses préférences comme modèles : pour les hommes, il préfère les modèles italiens. Quant aux femmes, elles ont les épaules trop larges, le bassin trop étroit et la peau épaisse, il préfère les Françaises qui sont plus souples, plus élégantes et plus gracieuses.

Voici son opinion au sujet de la question de l'admission des femmes à l'école des Beaux-Arts : « Au point de vue de l'enseignement, les femmes n'y gagneraient pas beaucoup. Il y a des Académies où elles peuvent trouver le modèle vivant tous les jours, et les corrections de maîtres deux fois par semaine. »

Ses admirations en sculpture : l'Antique qu'il aime tant pour sa vérité et sa grandeur sublime, Michel-Ange pour sa puissance, son côté nature et décoratif, Jean Goujon et les maîtres du XVIIe *siècle.*

Il convient de dire que tout en admirant les antiques et les maîtres de la Renaissance, il n'a subi l'influence de personne : « J'ai toujours recherché mes impressions, dit-il, dans la Nature, mon seul maître ».

En littérature, M. Peynot aime V. Hugo, Sardou, Bourget, Guy de Maupassant. Ses lectures préférées : La Bruyère, Voltaire, Michelet, Edgar Quinet.

Détails particuliers : N'a pas d'éducation musicale, mais aime la belle musique. Aime aussi à la folie le théâtre, les plantes, les fleurs et les oiseaux. A fumé, mais ne fume plus que très rarement. N'aime pas le jeu en général, mais aurait volontiers une faiblesse pour le billard.

Le collaborateur d'Emile Peynot est notre compatriote, Léon Roussel, né à Ourches, le 25 novembre 1868.

Reçu premier en 1889, à l'Ecole Nationale des Beaux-Arts, il remporta en 1894 le 1er Prix de portrait (Prix de la tête d'expression). Auteur d'un bas-relief « L'Age d'Or », de « l'Epave », étude de cadavre, d'un « Jeune vendangeur », figure plâtre, d'un bas-relief « Hector et Andromaque », plâtre.

Ces quatre œuvres figurent au musée de Bar-le-Duc. Le buste du maréchal Pélissier, duc de Malakoff, lui a été commandé en 1894 par l'Etat. Ce buste a figuré au Salon de 1895 et se trouve actuellement au Palais du Gouverneur général de l'Algérie.

Citons encore les œuvres suivantes :

1895. *« La Captivité », figure plâtre, 1er Prix.*

1895. *« Jeanne d'Arc » (3 mètres de hauteur), fondue à Tusey.*

1897. *Buste de l'éminent Egyptologue Prisse d'Avennes, commandé pour la Ville de Paris.*

1897. *Une idée symbolique (femme) « Qui s'y frotte s'y pique » et la statue du « Maréchal Exelmans ».*

Léon Roussel est en train de se conquérir une place parmi les statuaires contemporains ; le feu sacré qui l'anime en fait un travailleur émérite ; depuis cinq ans, il est professeur à l'Union française de la Jeunesse et à l'Association Polytechnique.

E. [illegible]NDRE.

TABLE DES MATIÈRES

www.ingramcontent.com/pod-product-compliance
Ingram Content Group UK Ltd.
Pitfield, Milton Keynes, MK11 3LW, UK
UKHW020559180726
13838UKWH00001B/341

9 782329 345062